U0693153

入选新闻出版总署"向全国青少年推荐的百种优秀图书"

KUAFU ZHURI

编委会主任

佘江涛　张　力

编委会副主任

徐　海　杨　丽

编　委

周兴安　祁　智　府建明　张　莉

统　筹

戴宁宁　覃婷婷

《大家》栏目工作人员

高洪芬　王成辉　周文福　朱　童　于　磊
王　超　葛　嘉　张也驰　朱　江

中央电视台科教节目制作中心　凤凰出版传媒集团　联合打造
"大家丛书"

方成传

夸父逐日

呼延宗泊　李芝婵　著

CCTV

江苏人民出版社

图书在版编目(CIP)数据

夸父逐日：方成传 / 呼延宗泊，李芝婵著． —— 南京：江苏人民出版社，2020.7

（大家丛书）

ISBN 978 - 7 - 214 - 24820 - 6

Ⅰ．①夸… Ⅱ．①呼… ②李… Ⅲ．①方成—传记 Ⅳ．①K826.14

中国版本图书馆 CIP 数据核字（2020）第 095664 号

书 名	夸父逐日——方成传
著 者	呼延宗泊 李芝婵
责 任 编 辑	金书羽
装 帧 设 计	许文菲
责 任 监 制	王列丹
出 版 发 行	江苏人民出版社
出版社地址	南京市湖南路 1 号 A 楼，邮编：210009
出版社网址	http://www.jspph.com
照 排	江苏凤凰制版有限公司
印 刷	江苏凤凰通达印刷有限公司
开 本	880 毫米×1230 毫米 1/32
印 张	4.5 插页 2
字 数	100 千字
版 次	2020 年 7 月第 1 版 2020 年 7 月第 1 次印刷
标 准 书 号	ISBN 978 - 7 - 214 - 24820 - 6
定 价	24.00 元

（江苏人民出版社图书凡印装错误可向承印厂调换）

目录

2011 年的夏天，云南澄江抚仙湖畔。

尽管已进入炎热的夏季，这里却丝毫没有燥热的气息，仍旧是蓝天碧水，一派清幽秀丽的风光。但这美丽的风景并没有引起一位徘徊在岸边的老人的注意，他的目光，静静地停留在抚仙湖东北岸的老鹰地。在那里，一座凝聚着众多太阳物理学家心血的建筑伫立着；在那里，一座崭新的太阳观测基地即将投入使用。

太阳观测，是这位老人投入毕生精力的事业。也正是在他的设计和推动下，新中国第一座太阳塔建设成功，我国的太阳观测事业迈出里程碑式的一步。

他，就是南京大学教授，天体物理学家，国际天文学联合会原副主席和国际太阳物理期刊编委，中国科学院院士——方成。

70 多年前，他出生在云南的春城昆明，从这里迈出了人生的第一步；70 多年后，他又再次回到这里，在风景如画的抚仙湖畔，领导建设一座新的太阳观测基地。

20 世纪 80 年代初，在他的主持下，中国第一座塔式太阳望远镜（简称太阳塔）研制成功，开辟了中国 CCD 二维光谱研究的新领域。他所带领的团队，30 多年来使用该太阳塔坚持多波段的太阳活动观测,获得了许多高质量的太阳耀斑、黑子、日珥等的二维光谱资料。1991 年 10 月 24 日,太阳表面出现白光耀斑,他及团队同时获得了它在 5 个波段的高时间分辨率的光谱观测资料,创下了时间分辨率最高(仅为 5 秒钟)的世界纪录。

他系统地掌握和运用非局部热动平衡理论,建立了一系列太阳活动体的半经验模型,提出了由光谱诊断耀斑非热高能粒子的新方法,改进了计算耀斑动力学模型的理论,首次提出用色球压缩区解释第 I 类白光耀斑和用太阳大气低层磁重联解释第 II 类白光耀斑及"埃勒曼(Ellerman)炸弹"等新机制。

同时,他笔耕不辍,出版专著 3 部,发表论文 290 余篇。并且在研究学术之余,他也不忘为祖国的天文事业培养接班人,十多名博士和硕士研究生出自他的门下,继承他的衣钵,在天文领域攀登了一个又一个的高峰。

他主持研制的太阳塔获 1985 年首届国家科技进步二等奖,所带领团队的"太阳活动 22 周观测和研究"课题获 1995 年国家教委

方成获得何梁何利基金科学与技术进步奖

科技进步一等奖、1997年国家自然科学三等奖。1998年,他被评为全国教育系统劳动模范,被授予"全国模范教师"称号。2004年,他获香港何梁何利基金科学与技术进步奖。2008年,他获法国巴黎天文台授予的名誉博士称号。2010年,一颗发现于2007年12月14日、编号为185538号的小行星以他的名字命名——"方成星"。

但是,他并未将这些荣誉放在心上。在他心中,始终怀着一个伟大的梦想、一个坚定的信念,那就是他的太阳观测和研究事业。他就像我们怀着古老梦想的祖先一样,一步步向太阳靠近,希冀揭开它那层神秘的面纱。

"逐日"之梦,永远在路上!

第一章 报国之梦

□ 1. 战乱中的童年

"轰隆"一声炮响，震裂了中国的国土，震碎了无数幸福的家庭。1937年7月，"卢沟桥事件"爆发，日寇的铁蹄迅速踏进祖国的四面八方，中国人民的抗日战争由此拉开了序幕。

随着战火不断蔓延，上海的一个普通家庭此时也陷入危机。

"妈妈，我们要去哪儿呀?"孩子们拽着母亲的衣角不断询问，父母都在忙乱地收拾行李，没有人顾得上理他们。懂事的哥哥悄悄拉走了妹妹，他知道，他们要搬家了，搬去一个很远很远的地方，在那个地方，他们要建起自己的新家。

这是一个书香之家，方成的父亲方刚祖籍江苏省江阴县，早年毕业于唐山大学，在20世纪30年代是中国一位颇有名望的铁路工程师。故乡水土与历史的熏陶让他一直怀抱着科技救国的爱国主义梦想，但现在，这个梦想被残酷的现实无情地打破了。

江阴，这个小小的县城，在它漫长的历史中，曾经有无数民族英雄前赴后继、为国献身。它原属吴地延陵,古代属常州,现在则是无锡市的下属县。江阴枕山负水,襟带三吴,处于"苏锡常"地区的几何中心,城江同在,有着"延陵古邑""芙蓉城"等美称。

与美景相得益彰,这个地方素来是"忠义之邦"。明正德年间,宦官刘瑾擅政误国,在朝的三位江阴人——主事黄昭、御史贡安甫、史良佐,或死谏,或上奏章,被称为"江阴一时三忠"。

到了明末清初时期,清军南下攻打江阴,宣称"留头不留发,留发不留头",江阴一城百姓宁死不屈,在"抗清三公"阎应元、陈明遇、冯厚敦的带领下,守城八十一天,最终粮绝城破,全城百姓慷慨赴死,毅然殉节,没有一人投降,史称"江阴八十一日"。

还有勇斗阉官魏忠贤,慷慨赴狱、死于酷刑,被列入"东林后七君子"的缪昌期、李应升;明代著名的地理学家、旅行家、《徐霞客游记》的作者徐霞客;著有《野叟曝言》《浣玉轩集》的夏敬渠……这些英雄豪杰、文人雅士使这座小城获得了千古传诵的美名。

在这些故乡英雄的熏染下,怀抱着强国梦想的方刚意识到,决不能生活在沦陷区,做一个亡国奴!于是,他决定带着家人,逃离上海,向中国的大后方转移。

之后,一家人经过武昌、长沙,扶老携幼、千里奔波,最后终于来到了春城昆明。在这里,方刚很快找到了一份工作,在民营面粉加工厂做主导解决技术问题的工程师,全家人至此便在昆明安定下来了。这里是大后方,远离日本侵略者,在国民政府的控制之下,大家绷紧的神经得以稍微松懈。作为高级技术人员,方刚担负起了养家糊口的重任,母亲、妻子、四个儿女……三代人都住在一起,虽然有些拥挤,所幸还算安稳。

1938 年 8 月 10 日,一个婴儿呱呱坠地,为这个逃难他乡的家庭增添了难得的喜悦。这个婴儿,就是方成。

方成有两个哥哥和两个姐姐,他出生后,家里又添了一个妹妹,父亲养家的压力陡然增大。方成的母亲和祖母负责照顾孩子们的饮食起居,而父亲则终日在外忙碌,相对安稳的生活让小方成拥有了一个温馨的童年。尽管战火隆隆,依然留下了一些美好的回忆。

方成家在昆明的郊区,离滇池不远。打小,方成就喜欢到滇池去玩,那时的滇池湖水清澈,一望无际,秀丽的西山环绕四周,映照着蓝天白云,美得小方成心都要醉了。他常常和小伙伴结伴到湖边嬉戏打闹,下水游玩。有时,他坐在湖边,仰望着广阔的银河,思绪慢慢飘远:天空上怎么有那么多星星呀? 要是能飞上去看看该有多好! 如果能飞出天空那就更好了! 那么天空的外面又是什么样子的呢?

日子就像一首平静的乐曲,慢慢地流逝着,却也经常掺杂进不和谐的音符。战火仍旧在祖国的土地上蔓延着,日本人的飞机总是盘旋在空中,伴随着机关枪的射击声和炸弹

8 个月大的方成在昆明

的爆炸声,轰隆隆地飞来冲去。每当这种时候,小方成只能和爸爸妈妈、哥哥姐姐一起躲到地窖里面去,在黑洞洞的地窖里,一家人挤作一团,脸上满是惊恐与疲惫。小方成被妈妈搂着,心想,这些飞机真讨厌!总有一天,我们会把这些日本鬼子都赶出去!

就在这样充满了欢乐与烦恼的生活中,小方成渐渐长大,到了上小学的年龄。他背着小书包,走进了马街小学的校门。

2.小学时光

马街小学位于附近离方成家五六里路的一个镇上,父亲工作的面粉厂里的子弟们大多都上这个小学,所以工厂安排了一辆马车作为"校车",上学、放学接送小孩子们。但是,比起"校车"的接送,小方成和他的朋友们更喜欢自己走回家去。几人结伴行走在乡间小路上、滇越铁路旁,打闹嬉戏着回家,也不过个把小时而已。小路旁边簇拥着很多野菜野花,女孩子们一路折下柳条和小花,为自己编一个漂亮的花环戴在头上;而像小方成这样的男孩子,则喜欢偷偷捉几条毛虫、几只蚂蚱,吓唬吓唬这些小姑娘。还有一些懂事的孩子边走边采摘路边的野菜,这些可是好东西,带回家就能给全家加餐了!

回到家以后,小方成的家庭作业从来不用父母操心,他自己坐在桌边,捏着铅笔一笔一画地写着作业,外面的嘈杂丝毫影响不了他,只有等作业写完后,他才干别的事情。

这样的认真和努力让他在学校的成绩一直名列前茅。

7

在昆明念小学的 5 年里,小方成一直是班里的尖子生。

当然,学习并不是小方成生活的全部,他喜欢和同学们一起出去玩,在那些艰难的岁月里,孩子们总能寻找到玩乐的方式。他们爬树,在一起打子弹,一起做弹弓,班里时常会出几个"神枪手"。方成是小伙伴中最会做弹弓的,他很细心,制作弹弓需要的材料,都是他经过对比搜集来的。树林里有许多园艺工刚修剪下来的树枝,他从许多有杈的树枝中挑选一个最合适的树杈,把它拿回家,找一些牛皮筋,材料就全部收齐了。动手制作是一个有趣且需要耐心的工作,用刀把树杈的皮剥光,在两个杈子上用刀刻槽,用牛皮筋接起来,放进木杈子上的槽子里,然后用线把牛皮筋固定住,一把小巧玲珑的弹弓就做成了。在制作弹弓的过程中,小方成不断观察、改进自己的"技术",手法越来越娴熟,做出的弹弓也越来越"精良"。到了后来,小伙伴们的弹弓都赢不过他了,大家都纷纷去找他为自己做一把好"武器"。

学校里有几棵大桑树,每到结桑葚的季节,整个校园都弥漫着桑果儿的香气。浓绿的桑叶,紫红的桑葚,呼吸着新鲜的空气,闻着那桑果发出的诱人的香味,真是让人心旷神怡!一片片比手掌还大的桑叶绿得发亮,仿佛翡翠一般。一棵棵紫色的桑果躲在绿叶下。那里还有一些没有成熟的半红半青的桑果和一些红色的桑果。看着那些葡萄似的桑果,馋得大家口水直流。

小方成和他的小伙伴们便趁着午休老师不注意的时候,往手上吐两口唾沫,"噌噌"几下就蹿上了树,坐在树上大嚼起甜美的桑葚来,手上抓一把,嘴里塞一堆,口袋里还要藏一些。紫色的汁水顺着嘴角流了出来,淌到了衣襟上染上了颜色,可是他们早就顾不得回去会被妈妈揪着耳朵骂,只是贪婪地享受着大自然馈赠的美味。啊,好甜呢!

当然,他们也不会独享这份喜悦,树下眼巴巴望着的小伙伴们也会获得树上的伙伴抛下来的桑葚,大家在欢乐声中一起大嚼起来。不过,也有运气不好的时候,有时候他们刚爬上树,就会被老师发觉,然后只能灰溜溜地蹭下树,低着头挨个被老师训斥。不过大多数时候,大家运气都不错,吃了个饱之后,趁着还没上课,赶快溜下树,擦擦嘴,再互相为对方检查检查,而且一定得擦干净,要是留下紫色可不得了,老师一看就知道你爬树了,免不了一顿批评。

除了大自然给予的乐趣,上学本身也是一件很有趣的事情。小方成自小就不是一个愿意安安静静坐在桌子前读死书的学生,他的成绩优秀,却并不需要家长施加压力。当时的家长们不像现在这样,过早地忧虑孩子的升学问题,或者给孩子们报些奥数、英语之类的辅导班,当时整个小学的氛围十分宽松,基本没有什么压力,方成每天背着书包高高兴兴地上学放学,在学校里面一边学一边玩。

方成喜欢读书,书里很多内容对他都有所触动,他一边看一边想,并把自己的感受尽可能逻辑清晰地整理出来,再根据自己的理解记录下来。随着他的想法逐渐丰富,他又在原先思路的基础上做进一步的总结整理,这种整理所思所想的训练非常有助于他形成属于自己的思维体系。慢慢地,他的思考能力超过了身边的小伙伴们。

马街小学是一所乡村小学,但学校的基础设施并不简陋,球场、篮球架、乒乓台非常齐全。方成特别热爱体育运动,将运动当作学习之余放松的方式,充分的运动让他更投入地学习。

他经常一个人绕着操场跑步,磨炼意志力;和小伙伴一起在球场上拼搏，增强团队合作能力。运动一直伴随着方成的成长，使他一直保持强健的体魄，拥有向上的力量。

在周末或者寒暑假时，家里的长辈也会带着孩子们出去游玩，去附近划船、放风筝，一家人欢声笑语，非常尽兴。尽管家里的条件比较艰苦，小方成却生活得十分快乐，不管是学习还是玩耍，他都能找到乐趣所在。

更值得高兴的是，1945年，抗日战争终于结束了。中国人民赢得了这场战争的最终胜利，饱经风雨的中华民族又一次渡过了巨大的劫难，无数人经历的创伤总算得到了抚慰。全国各地的人民在听到日本投降的消息后，都自发地组织起了欢庆活动，昆明也不例外。

一大早，小方成就被窗外"噼里啪啦"的鞭炮声吵醒，外面叽叽喳喳的议论声全部都透露着一个消息："日本投降了！"尽管还小，小方成却也已经明白，是那群讨厌的日本鬼子跑了！伴随着巨大的喜悦，小方成赶忙穿好衣服，跑到了外面。只见城里的每一个角落都挤满了人，大家脸上都洋溢着真诚的喜悦，那鞭炮声正是在离自己家不远处的一家商店门口响起的。小方成在欢庆的人堆中挤来挤去，他还是个小学生，还不是很懂大人们的欢乐，但他也知道，日本人失败了！在他幼小的心灵中，父亲报国的理想和对国家的忠诚早已刻下了深深的印记，他渐渐懂得祖国强大的重要性。

1945年的8月，小方成和家人们在这个炎热的夏日中尽情地感受着胜利的喜悦，随之而来的一段平静让方成的小学生活也变得更加美好，他与生活了七八年的同伴们快乐地延续着多姿多彩的小学时光。这时的他还不知道，再过几年，他将离开这个第二故乡，直到许多年以后才能再次回来。

□ 3．出现在眼前的新世界

　　1948年，解放战争即将进入关键时期，方成和亲人随着父亲一起返回阔别多年的上海。对回上海生活，他只是有一种朴素的期待。然而事实上，一出车站，他就被这个繁华的大都市震惊了，从小就生活在宁静乡村的他，从不知道世界上还有这么喧闹的地方。

　　这个简称"沪"的城市，拥有"东方巴黎"的美誉，闪烁的霓虹灯、飞驰的汽车、穿着旗袍且打扮精致的女性、随风飘来的香水味、各种西餐厅……这座著名的繁华城市给方成的第一印象就是迎面而来的喧闹，各种声音交织在一起，汇聚成了一曲都市交响乐。他怯怯地揪住了母亲的衣角，与兴奋的哥哥、姐姐不同，他显得有些呆呆的。哥哥、姐姐们对上海的生活还留有一丝印象，但对于方成来说，这是一座完全陌生的城市，他甚至听不懂这座大城市里的人说的话，他只会说昆明话。

　　到上海后，作为插班生，方成进入了虹口区第三中心小学，开始了六年级的学习生活。就在他小学即将毕业的这一年，中国出现了一次新的转折，而这个转折，也成为他新生活的一个起点。

　　1949年5月12日，中国人民解放军第三野战军主力胜利渡过长江后，对国民党军重兵据守的上海市进行了城市攻坚战。解放军发动了以消灭汤恩伯主力、解放大上海为目的的上海战役。在战火中出生的方成又经历了一次战争，然而与之前不同的是，这是一场解放全中国的战争。

进入 5 月之后，方成就经常听到稀稀落落的枪响，有时在城外，有时在城内。到了 24 号、25 号，这些枪声忽然变得密集起来，经常一响就是一晚上，所有居民都惶惶不安，晚上紧闭房门，遭受了太多苦痛的平民百姓不知道接下来等待着他们的是什么。方成也是一样，他对"解放军"的认识也仅限于人们口口相传，真实的解放军到底是什么样子的呢？

　　5 月 27 日清晨，响了一夜的枪声终于停歇，早起的人们小心地推开家门朝外望去，出乎意料的场景让每个人都震惊了！战士们或躺在地上，或靠在店墙上，或枕在马路牙子上，他们抱着自己的枪，闭着眼睛，脸上是疲倦的沉沉睡意。

　　方成也看到了这一切，这就是解放军吗？他朦胧的认知逐渐明朗起来，新的世界和新的生活在他眼前逐渐形成了一个清晰的印象。他模模糊糊地意识到，这一切都预示着一个新的时代即将到来，而他，即将成为这个新时代的一分子，从祖辈父辈流传下来的科技报国梦想在自己身上也许有实现的一天了。

　　1949 年 7 月 6 日，150 万军民大游行庆祝上海解放，江湾路 1 号门前搭起了检阅台，士兵和游行队伍昂首挺胸地接受陈毅等首长的检阅，方成兴高采烈地观看了这次大阅兵。没过几个月，1949 年 10 月 1 日，方成从广播里听到了毛泽东主席在天安门城楼上的声音，他向全世界庄严地宣布："中华人民共和国中央人民政府今天成立了！"

第二章　上海生活

□ 1．**插班生**

　　刚到上海时，方成还是一名五年级的小学生，对于进入虹口区第三中心小学念六年级，他既兴奋又紧张。兴奋的是，不知道新学校和新同学都是什么样子的呢？新的环境会有什么有趣的事情发生呢？紧张的是，自己带着昆明"小城"的口音会不会被同学嘲笑呢？自己能不能和同学们和睦相处呢？怀着这样紧张和期待的心情，方成不知不觉地睡着了。

　　第二天一大早，母亲就催促他起床，尽管学校离家不远，方成还是早早地收拾好书包，忐忑不安地朝学校走去。清晨的阳光像一层薄纱披在他的肩上，为新的学习生活送上了美好的祝福。学校的大门就在不远处，他从来没有见过这么漂亮的学校，想到即将成为这里的一员，他兴奋极了，昂首挺胸地走了进去。

　　然而，方成很快就发现，昨天晚上自己那隐隐的担忧竟然成真了。当老师领着他进教室时，一双双好奇的眼睛便开始望着他，老师让他站在讲台上做个自我介绍。面对下面那些打扮得很洋气、精致的男同学和女同学,再摸摸自己剃得像灯泡一样的一个大光头,他简直紧张得说不出话来,脸都有点涨红了。

他的第一句"大家好,我叫方成,来自云南昆明"就惹得大家哄堂大笑。小孩子的想法简单,见到和自己不一样的人便会觉得好笑,讲台上的这个家伙,顶着一个光头,说话的口音又那么奇怪,一张绯红的脸上闪出怯怯的目光,这副有意思的样子惹得大家哈哈大笑。

看方成红着脸,老师对他说:"你就坐在那里吧。"他的手指向教室一角的一条板凳,那里已经坐着一个面容清秀的女生,她看向方成的眼神是和善的、不带嘲笑的。"你们都是插班生,当同桌也能互相帮助。"

方成走了过去,坐在那个女生身边,悄悄地问她:"你也是从外地来的吗?"那个女生摇了摇头说:"不是,我家是另一个区的,我是转学到这里的。"尽管和自己不一样,但同为插班生,方成顿时感觉和这个女孩子亲近了不少,初来乍到的他有了第一个朋友。

此时的方成恐怕还想不到,这个名叫寿季卿的女孩子,将来会成为他的妻子,与他共度未来的人生。

现在的他只是在想,不能再让大家笑话我了!我一定要赶快学会说上海话,融入集体!

对待不会的事物,方成从小就有一股韧劲。尽管大家不太习惯他的口音,但在不断交往中,方成的真诚善良还是为他赢得了好人缘,大家都很喜欢这个外地来的同学。一来二去,方成就像个地道的上海人一样,和同学们嬉戏打闹了。

小学的生活是那么美好,方成和同学们建立起了牢固的友情。一年的时间转瞬即逝,方成即将迈入中学的大门。那时,上中学不像现在这样,大家紧张备战,谨慎挑选,如临大敌。当时的学生数量不多,大家不需要为了进某一所学校挤破头,选择学校的标准可以说只有两个:一是离家不远,二是学校不差。以这两条原则为基准,方成选择了同在虹口区的华东师范大学附属中学。由于方成在小学期间学习成绩一直很好,入学的考试也相对比较容易,经过一番面试后,他如愿以偿地成为新中国的一名中学生。

□ 2．名师出高徒

华东师范大学附属中学,即现在的华东师大第一附属中学,是上海市重点中学。它由两所学校合并而成,分别是光华大学附中和大厦大学附中,这两所中学分别由张寿镛、廖世承和欧元怀在1925年创办,两所学校的校名分别取"光我中华"和"弘扬华厦"之意。1951年秋,由于华东师范大学的组建,两校的附中便合并为华东师范大学附属中学。1958年,又因为华东师范大学增办了第二附中,就将之前的中学改称为华东师大一附中。

这两所学校都十分重视教育质量,是新中国成立前上海知名的学校。合并之后,师资力量更强,相较于其他中学,它的优势在于其在师资、教学和科研条件方面得到很多华东师范大学方面的支持。许多曾在这里任教的老师,后来都进入大学,成为知名教授。而现在,他们为中学生授课。可想而知,在这批享受了"高级待遇"的中学生中,将会产生多少优秀的人才!

同时,在当时的各所中学中,华东师大一附中以条件优越、设施先进、校园优美著称。身处经济发达的大上海,校园里有正规的物理、化学和生物实验室,有馆藏丰富的图书馆,更有明亮宽敞的教室。在课余活动设施方面,学校甚至还有自己的游泳池以及一座小小的植物园,在硬件条件上远远超越了一般的学校。

方成在这批优秀的老师的教导下,学习了 6 年,老师们的谆谆教诲使他受益无穷。他最喜欢的科目是物理、数学、化学等理科科目;当然,他的文科也学得很好,当时的中学并不分文理科,所有的科目齐头并进,在高中毕业时,11 门功课全都要考,填报大学的时候则可以根据自己的兴趣自由选择。

在这些老师中,化学老师丁明远给方成留下了很深的印象。丁明远老师在上课时深入浅出,娓娓道来,讲解得十分生动清晰,引导大家进入那个神奇的化学世界。他常常说:"对于化学家来说,世界上没有废物。"即使在方成中学毕业很多年后,丁明远老师仍旧坚持着自己热爱的化学事业,并且一直认真地投入到教学研究中,发表了不少有关化学教育的文章。这种做学问认真严谨的态度和勤勤恳恳教书育人的品质,无疑对方成早期性格的形成产生了深远的影响。

英语老师徐燕谋也是方成喜欢的一名老师。徐燕谋是外国语研究方面的著名学者,祖籍江苏昆山,1929 年毕业于光华大学。他曾经在无锡中学、光华大学附中、湖南国立师范学院、光华大学、华东师范大学和复旦大学等多所学校任教,还曾主编了全国高校英语专业统编教材《英语》第七、八册,编注了《现代英文选》《现代英国名家文选》等著作,并为商务印书馆注释多部萧伯纳、高尔斯华绥及马克·吐温的作品,自己另著有《徐燕谋诗草》。尽管当时大多数人学的都是俄文,但徐燕谋老师的教导也为方成日后良好的英语水平打下了坚实的基础。

这样负责任的好老师还有很多,物理老师、生物老师、数学老师……这样的氛围使方成在中学时代就受到了优秀的精神品质的熏陶。在这所中学悠长的历史中,曾经出现过许多著名的学者,在这里上学的每一个学生都从中受到了鼓舞,形成了一股好学上进、尊敬师长、遵守纪律的风气。在人的一生中,中学阶段对世界观、人生观、价值观的形成所产生的影响可以说是决定性的,好的中学教育可以使人终身受益,在中学所受到的精神和文化的陶冶对于心灵的塑造有着无形的强大能量。

□ 3 . 课余生活

华东师大一附中的教学质量很高,教学要求也非常严格,学生们学习的科目有 11 门左右,大家积极上进,课堂前做好预习,课堂上热情参与,课后查漏补缺,学习效率非常高。与此同时,老师们也没有放弃对学生自主学习能力和性格形成的培养。法国生物学家贝欠纳曾经说过:"良好的方法能使我们更好地发挥运用天赋的才能。"因此,应培养学生运用好的学习方法主动地获取所需要的知识,成为会学、善学的人,而不是只会被动地接受知识,不能"死读书、读死书"。同学们个个怀抱着远大的理想,有的想改变世界,有的想救死扶伤,有的想教书育人,都有着为国家做贡献的一腔热情,因此,学习氛围特别浓厚。同时,在课余生活中,大家也能做到自立。因为家中孩子很多,家长一般不怎么约束,也没有时间去接送,所以方成和他的同学们每天都是自己骑自行车上下学,每天早上自己带着饭盒到学校吃午饭,下午一放学就自觉主动做作业。这种自立的生活态度也影响到了方成对自己孩子的教育。

在注重学习的同时,学校也非常重视学生们的素质培训,启发和调动学生们学习的积极性和主动性,因材施教,使学生逐步养成爱思考、不怕困难的习惯。同时,国家在 20 世纪 50 年代发出了"德智体美劳全面发展""向科学进军"和鼓励"三好生"等号召。在多方面的推动作用下,老师们鼓励、帮助同学们组织了一系列活动,同学们也怀抱建设祖国、发展自身的热情,积极参与各项课外活动。当时,学生组建了各种课外小组、文学评论小组和社团。方成在读中学的 6 年里,经常参加各种课外活动和兴趣小组。他认为一个人要是只知道念书的话,无异于一个书呆子,对自己将来的发展前途一点益处都没有。所以,学校里的各种活动他都积极参与。学校组建了一个摄影小组,经常组织同学们走出校门拍摄风景,并对大家的作品进行评奖;还有生物小组,带着同学们在学校外面种庄稼和植物,还做了不

华东师大一附中中学小组(右二为方成)

少嫁接植物的实验；至于其他的舞蹈团、戏剧社之类，更是活动丰富。老师们还经常组织大家出去旅游，同学们一起上苏州、下杭州，领略祖国的大好河山。

方成就和他热爱表演的好朋友梁波罗一起，曾经参加过学校的戏剧小组。梁波罗出生在西安的一个书香门第，他的名字"波罗"就是来自小名"Ball"（英文的"球"）。他小时候随父母来到上海定居，就住在方成家对面马路边的一幢楼里。受到家庭环境的熏陶，梁波罗从中学时就开始参与话剧演出。长大后，他主演的电影《51号兵站》让他一炮走红，这与他中学时的爱好是分不开的。

其实一开始，方成对戏剧并没有什么太大的兴趣，能够加入戏剧小组完全是因为梁波罗对戏剧的热爱。在好朋友的不断鼓动之下，方成也加入了戏剧小组，并和这个朋友一起经常参与话剧演出。随着不断学习和练习，方成对戏剧表演逐渐产生了兴趣。初三的时候，戏剧小组排演了一部新戏，为了配合当时抗美援朝的时代特色，起名《夜攻汉城》。方成为这出戏准备了很久，每天都在放学后努力背词排练，期待着演出的那一天。

也许就是因为排练得太热情，在临表演的前一天，方成的嗓子突然哑了，一点儿声音也发不出来。这可怎么办！难道不让这个角色上场了吗？可是现在也来不及修改剧本了。正当大家急得像热锅上的蚂蚁的时候，班主任罗老师忽然灵机一动，对满脸沮丧的方成说："别着急，我们换个方式来表演！"于是，在正式演出的那一天，大家发现，哑着嗓子的方成仍旧上了台，嘴一张一合，台词脱口而出，嬉笑怒骂全是戏，下面的观众不断鼓掌。幕后的同学看着这成功的演出，不由得捂着嘴笑了起来。这到底是怎么回事呢？原来，方成在前面做口型表演，幕布后面罗老师配音，正在和他一起表演"双簧"呢！一场完美的演出落幕，方成也终于松了一口气。

不过，虽然方成对戏剧的兴趣与日俱增，在他内心深处，还是对自己加入的摄影小组怀揣着更大的热情。当时，摄影是一项比较新潮的技术，由于照相馆价格不菲，很多人都自己学习摄影和冲洗技术。方成自小就喜欢动手操作，也喜欢尝试新鲜事物和新技术，而且那些只有黑与白、光和影的作品，拥有巨大的魔力，深深地吸引着方成。所以，他怀抱着满腔热情加入了摄影小组，并投入了很大精力。方成至今仍记得他接触的第一台相机，那是一台国产海鸥折叠式照相机，他认真地拿着照相机揣摩了好久，凭借着高中物理课里面点滴的照相机光学原理，居然能够按动快门。他跑去照相馆买了两卷 120 黑白胶卷，凑巧的是，方成的哥哥就是一个摄影高手，他自己就会摄影、绘画、冲洗底片，可谓"集才华于一身"。方成向哥哥请教摄影技术，问他如何装胶卷、如何取景。上胶卷，设定快门速度、光圈值，挂快门弦，对焦取景，按快门释放钮，方成学得非常快，俨然成了一个像模像样的摄影师，十二张一卷的胶卷很快就照完了。渐渐地，在不断的练习中，他也练就了高水平的摄影技术，而且，这个技术在不久后就在实践中得到了应用。

在中学毕业时，按照惯例，班级全体成员是要一起照毕业照的，可是在当时，请照相馆的人来照相是一笔不小的费用，大家担负不起，班里的同学和老师一筹莫展。就在这时，方成举起了手："老师，我来给大家照相吧！"

老师将信将疑地看了他一眼道："你可以吗？"

方成信心满满地回答："保证没问题！"

伴随着毕业的尾声，拍毕业照的日子终于到了，方成早早做好了准备，待到大家排好了站位，"咔嚓咔嚓"几声，新鲜出炉的毕业照就留在了胶片上。方成将它们带回去，精心地用药水洗好，为大家的中学岁月画上了完美的句点。

当大家拿到毕业照时，包括老师在内，都对照片的效果赞不绝口，方成的摄影技术十分娴熟，照出来的照片分毫不比照相馆差。

除了摄影，方成对其他手工也很感兴趣。在中学时，他就尝试自己制作矿石收音机、绕线圈，他省下零用钱，买了必需的材料，其他买不起或者买不到的，他就四处寻找替代品。同时，他还搜集了许多关于收音机的资料，自己从中学习、模仿，探究收音机的制作原理。这当然不是一蹴而就的，方成失败了许多次，但是，凭着这满腔的热忱，他一直坚持了下去，不断改进，最终还真的做出了一台小型的矿石收音机！在那时，这可是个稀罕物件，听说了这个消息后，同学们争相围观，都想来听一听。

当然，在这些兴趣爱好之外，方成也没有放弃自己从小擅长的各项运动。在他念小学的时候，就学会了骑自行车。他始终认为，运动也是值得学习的一门技术，既然是技术，方成就感兴趣，就愿意去学习。而且，跟他做手工采取自学的方法一样，在热爱的运动方面，他也自学成才。当时，中学校园里有一个游泳池，方成作为喜欢跳高、跑步、单杠等各项运动的"发烧友"，自然不会放过这个机会，他决定学习一项自己还没有掌握的技术——游泳。

既然做了这个决定，方成就立刻行动起来。他来到学校的游泳池，直接下了水，但并没有立刻开始活动。他先观察周围会游泳的人是怎么换气、怎么摆动胳膊和腿的。对这些规则和细节熟稔于胸之后，他才信心满满地开始了自己的第一次尝试。

　　一阵扑腾之后，第一次尝试失败了。方成没有灰心，他吸取教训，更加仔细地观察别人动作的要领，改正自己的动作。在一次次的试验中，方成学会了游泳，这项运动带给了他无限的乐趣，并很快成了他最喜欢的运动。在回忆起自己的中学岁月时，方成感慨地说："我现在身体还不错，都是小时候经常运动打下的基础，现在的孩子们也不能只坐着学习，要多锻炼，这样不仅能全面发展，长大后对身体也有好处。"

　　就在这种良好的学习生活氛围中，方成在初二加入了共青团，成为一名光荣的团员。他在班上一直担任班干部，高中时期还担任了学校团委的宣传委员和班级支部书记等，热衷于组织社会工作和宣传工作。这些历练无疑对方成的未来产生了积极的影响。光阴似箭，6 年的中学生涯如白驹过隙，方成到了报考大学的关键时刻。

□ 4．阴差阳错

　　尽管后来方成一直投身于天体物理行业，并在太阳物理方面取得了卓越的成绩和贡献；但在此时，方成根本就没有想过这一辈子会同天文有着这么深的渊源。在中学念书的时候，他一直向往成为一名飞机设计师，驾驶我国自己设计的飞机飞翔在祖国的蓝天白云里。也许在小时候看见日本的飞机在我国领空出现时，他就已经在内心种下了这颗种子。到了中学，方成看了许多关于第二次世界大战的书，这些书里，无一不提到德国的王牌空军，而此时苏联也拥有强大的空军实力。方成读着这些书，仿佛整个人已经飞上了天空，驾驶着飞机航行：

不好！前面是一架外国敌机，就要朝着自己冲过来了！他急忙握紧操纵杆，来了个漂亮的转向……

他急于投身航空事业，所以想投报航空类的院校。可是，当时国家的航空事业刚刚起步，南京航空学院、北京航空学院等学校刚刚开始兴建，还属于具有一定保密性质的单位，是需要推荐保送才能上的，自己不能报考，而且必须通过政治审查，证明政治合格、没有"黑历史"，然后才有资格保送。方成的成绩完全没有问题，他常年是班级里的第一名，但在政审这一关上，他却要等待审核，于是，他提交了申请，忐忑不安地等待着。

等待的日子焦灼且漫长，短短一个月时间，方成却觉得像已经过了好几年一样。终于有一天，班主任徐建平老师让他去一下自己的办公室。在走向办公室的路上，方成心里七上八下："应该是审核结果出来了吧，不知道是好消息还是坏消息？"到了办公室，徐老师的神色让他有了不祥的感觉。

"你的政审没有通过……"徐老师没有再说下去，因为他已经不忍心看到这个优秀的年轻人脸上闪现出的巨大的失落。方成呆呆地站在那里，半晌，才向老师鞠了个躬，走了出去。

自己的梦想就这样破灭了！这究竟是为什么呢？方成始终想不明白。后来他才知道，问题出在自己的父亲身上。父亲在年轻时参加过一些青年团体运动，当时正在被审查。尽管后来的审查结果表明，他的父亲并没有什么问题，但在当时，如果有这一方面的调查，简直就是给一个人判了死刑。就算方成的成绩非常优秀，也没有办法进入他最初梦想的航空领域。

他压抑着心底的伤心难过，表面上仍旧保持平静，保送不成，还要继续积极准备高考。不过他的班主任并没有打算放弃这么一个好苗子，总不能因为这样的问题，让这个孩子从此走上一条自甘平凡的路吧？

很多人将高考比作人生的第一个十字路口，因为此时的一个选择将会决定自己未来4年乃至更远的未来将在哪里、以何种方式度过。甚至可以说，一辈子要走的路在这时也就定下来了。在这个关键的时候，徐老师觉得有义务用自己丰富的人生经验为学生提出恰当的建议，再一次，他将方成叫到了自己的办公室。

他沉吟了半晌，问方成："你有没有想好，要报考哪个专业呢？"

方成摇摇头："还没呢。"

徐老师说："我倒是替你想了个方向，就是不知道你自己怎么想。"他端起茶杯喝了一口茶。

"你看，你的物理、数学成绩都很好，很适合学习天文，"徐老师继续说，"不过，全国现在只有南京大学有数学天文系天文专业，我看，你不如报考这个学校好了，凭你的成绩，一定没有问题。"

老师真挚的话语萦绕在耳边，方成此时对天文还没有什么了解，他只是凭中学物理的一些知识来猜测这个专业究竟要干些什么。对于一个还对自己前途有些迷茫的少年来说，徐老师的话无疑成了为他指引道路的一盏明灯。方成以11门功课全5分的优异成绩从中学毕业。在填报志愿的那天，他郑重地在志愿表上填上了"南京大学数学天文系"。

这也许是一种"阴差阳错"，在方成未来的生命中，还有许多次这样的"阴差阳错"，有的带来的是痛苦，有的带来的是机遇。我们无法对这样的"阴差阳错"做出什么评价，但至少这一次，它为天文学领域带来了一位未来将被刻上丰碑的学者。

第三章　天文系的大学生

□ 1．来到南京大学

1955年夏秋之交，方成成为南京大学数学天文系天文专业24名新生中的一员。他乘坐火车，满怀着对未知新生活的期待，背着行李来到了南京。

方成是第一次到南京来，作为一个祖籍江阴的江苏人，他对南京本不应该陌生，但自小生活在外乡使他仍旧对这个六朝古都不甚了解。留在他印象里的，还只是书本上的南京，秦淮河、燕子矶、玄武湖、灵谷寺……是"三山半落青天外，二水中分白鹭洲"，是"江南佳丽地，金陵帝王州"，是"无情最是台城柳，依旧烟笼十里堤"，是"山围故国周遭在，潮打空城寂寞回"……

它是江南的一株古柳，秀丽窈窕中映衬着遒劲沧桑；它是秦淮河上升腾起的霭霭水雾，脂粉的腻香中流淌着乌衣巷的风流；它也是浸泡着血泪的一弯月，遥遥地挂在那历史天空的穹顶……

这里就是南京。在那个金色夕阳铺遍了大街小巷的下午，方成走出了南京火车站，迈向了南京大学。

1955年,方成考入南大数学天文系

"种好梧桐树,引得凤凰歇栖。"南京的大街小巷都种有梧桐,茂盛的枝叶几乎遮盖了整个南京城的街道。这座城市山水城林融为一体,"钟山龙蟠、石城虎踞",毛泽东曾经有诗云:"虎踞龙盘今胜昔,天翻地覆慨而慷。"它悠久的历史为它留下了诸多称谓:秣陵、建业、石头城、建康、金陵。东吴、东晋、南朝宋齐梁陈、南唐、南宋、明、太平天国以及中华民国等都曾经在此建都。

　　这个城市的一砖一瓦都有其渊源,坐落在鼓楼附近的南京大学也不例外。南京大学,简称"南大",是一所历史源远流长的高等学府,它的学脉甚至可以上溯至三国时期吴国的南京太学,而近代的校史则是从1902年5月,晚清名臣张之洞与两江总督刘坤——起筹建的三江师范学堂开始。当时的教员一部分来自中国,一部分聘自日本,开启了南京现代意义的高等学府之先河。

　　1905年,三江师范学堂更名为两江优级师范学堂,李瑞清出任监督,他以"嚼得菜根,做得大事"为校训,大力提倡科学、国学和艺术教育,为中国培养了第一代近代美术师资和艺术人才。

　　1914年8月30日,因政局动荡而停办的两江师范学堂改设为南京高等师范学校。1915年设立了中国第一个体育科,1917年设立了商科。南京高等师范学校在当时被誉为

"中国现代科学大本营""中国自然科学的发祥地"。

1920年,在南京高等师范的基础上又组建了国立东南大学。4月,郭秉文先生在校务会议上提出了"建立南京大学"的建议,"拟就南京高等师范学校校址及南洋劝业会旧址,建设南京大学,以宏造就",但由于各种原因,这一提议未获得教育部门的批准。12月7日,国务会议终于全体通过,同意以南高师各专修科为基础筹办大学,定名为国立东南大学。

随后,这所学校又更名为国立第四中山大学、江苏大学、重庆中央大学(因抗战期间学校迁入重庆而更改)、国立中央大学等。

1945年8月抗日战争胜利后,吴有训先生出任学校校长,并于1946年11月1日在南京开学,这是当时全国院系最全、规模最大的大学,规模之宏大、学科之齐全、师资力量之雄厚,均居于全国各大学首位。因此,当时的南京大学有"民国最高学府"之称。

1949年8月8日,国立中央大学更名为国立南京大学。1950年10月10日,校名去"国立"两字,改称"南京大学"。

南京大学被称为"中国第一所现代大学"并不是浪得虚名,它最早在中国开展现代学术研究,建立了全国最早期的现代科学研究实验室,国际教育会东方部主任孟禄评价其为"中国政府设立的第一所有希望的现代高等学府""中国最有发展前途的大学"。

现在,这所驰名中外、历史悠久的学府,正静静伫立在方成面前,它已洗尽铅华,用"诚朴雄伟,励学敦行"的态度迎接着每一个到来的学子。

天文系和南京大学的缘分开始于南京大学的50岁诞辰。1952年,本着集中优势资源的原则,全国实力最雄厚的两个天文系——齐鲁大学天文数学系与中山大学天文系,合并组建了南京大学天文系。1955年,南京大学天文学系和数学系合并为数学天文学系,赵却民先生任系主任。赵却民先生是一位著名的天文学家,是中国现代天文学教育的开创者之一,曾执教于上海沪江大学、中山大学等学校。1952年,他被调往南京大学,成为南京大学天文系的第一任系主任,是南京大学天文系主要创建人之一。

对于大多数具有悠久历史的国家,天文学都有着非凡的意义和辉煌的成就。在几乎不存在科学的原始时代,先民敬畏自然,想象神在天上,而天象也意味着神的旨意,由此诞生了用以占卜预言的占星学(astrology)。占星学是天文学的起源,而古代占星师所记录的天象也成为后来天文学研究的重要资源。

作为四大文明古国之一,天文学在我国古代有着悠久的历史,可以说中国是世界上天文学发展最早的国家之一,可与农学、医学、数学并列,构成中国古代最发达的四门自然科学。天文学萌芽于原始社会,至秦汉时期形成了以历法和天象观测为中心的完整体系。《尚书·尧典》中提到,“日中星鸟,以殷仲春”“日永星火,以正仲夏”“宵中星虚,以殷仲秋”“日短星昴,以正仲冬”,说的就是根据黄昏时南方天空所看到的不同恒星来划分季节的方法。《诗·小雅》中的“十月之交,朔日辛卯,日有食之……彼月而食,则维其常,此日而食,于何不臧?”就记录了一次发生在公元前的日食。《春秋》和《左传》中提到,鲁庄公七年(公元前687年)“夏四月辛卯,夜,恒星不见。夜中,星陨如雨”,这是关于天琴座流星雨的最早记载;鲁文公十四年(公元前613年),“秋七月,有星孛入于北斗”是关于哈雷彗星的最早记录。

　　到东汉时,天文学家张衡制作了漏水转浑天仪,成为中国水运仪象传统的始祖。湖南长沙三号汉墓也曾出土了关于行星的《五星占》帛书,列出了金星、木星和土星在 70 年间的位置,以及彗星图,展示了当时的人们已观测到彗头、彗核和彗尾,而彗头和彗尾还有不同的类型。据《汉书·五行志》记载,征和四年(公元前 89 年)发生了一次日食,太阳的视位置、食分、初亏和复圆时刻、亏复方位都被记载下来,非常具体;而河平元年(公元前 28 年)三月关于日面黑子的记载,则是全世界最早的。《汉书·天文志》有云,"元光元年六月,客星见于房",这正是古希腊天文学家喜帕恰斯所见到的新星。

　　随后,从三国到五代,我国天文学继续发展。三国时,魏国人杨伟创制《景初历》,发明了推算日月食食分和初亏方位角的方法。吴国陈卓把战国秦汉以来石氏、甘氏、巫咸三家所命名的星官(相当于星座)总括成一个体系,共计 283 星官、1464 星,并著成图记。葛衡在浑象的基础上发明了浑天象,它就是现在的天象仪的"祖先"。东晋的虞喜发现了岁差,南朝祖冲之把它引进历法,将恒星年与回归年区别开来。隋朝编纂的《大业历》也记录了关于行星运行的计算。

　　宋朝时,天文学发展至顶峰。宋仁宗至和元年(即公元 1054 年)观测并记录了超新星爆发,宋元丰年间(公元 1078—1085 年)精确测量了恒星位置并制作了苏州石刻天文图,沈括则改造了浑仪(他在制造浑仪时省去了白道环,改用计算来求月亮的白道坐标,这是中国浑仪由复杂走向简化的开始)。这些伟大的成就证明了我国古代天文学和科学的发展在很长一段时间内都是世界领先的,我们拥有一大批杰出的科学家和先进的仪器。

　　1543 年,哥白尼《天体运行论》一书的出版标志着近代天文学的开端。然而与此同时,我国的天文学发展却逐渐步入低潮期,明清时期虽有外国天文学的进入,而我国却没有形成成体系的科学研究和教育系统,一些积弊使我国自身天文学的发展渐趋迟缓。

到了近代,我国更是陷入战乱,饱受欺凌。政治上,寄希望于非暴力改革的维新变法并没有改变长期的动荡局面。相反,资本膨胀催生的侵略反而愈演愈烈。1900年,八国联军侵入北京以后,法、德两国军队把清朝钦天监的仪器全部劫走,后来修建的一些天文台及仪器则几乎全部在战争中遭到致命的毁坏。

这样的惨痛经历造成新中国刚成立时的天文研究领域几乎成为一片荒漠,唯一稍微像样的设备就是南京紫金山天文台于1924年从国外买来,并于1954年才修复的60厘米反射望远镜。而此时的方成对这个学科也一无所知,刻苦学习是他的本能,可他从未想过自己能做出什么成绩。

直到入学后的一天,方成在校园里看到了这样一条横幅,在众多的横幅中,它显得孤零零的,上面写着:"立志成为祖国天文事业的拓荒者!"不知怎的,这一条横幅打动了方成的心。我国的近代天文事业起步很晚,在世界科技进步的潮流中,我们一开始就没有跟上,是在经历了失败与屈辱之后,才吸取教训,在洋务运动中开设了天文学科。但是,第二次世界大战和国内解放战争的战火又将这样的科技苗头摧残了。"向科学进军"是我国崛起的重中之重。方成深深地感受到了自己肩上建设祖国的重担,天文学和天文事业,第一次成为他脑海里的一个清晰的目标。

特别是不久之后,天文系组织的一次参观活动更使方成坚定了为祖国天文事业奋斗的决心。

□ 2．紫金山天文台

刚开学没多久，数学天文系就为新生们组织了一次参观活动，目的在于让大家了解天文、对天文感兴趣，并明悉我国天文事业的现状。这次参观的目的地，是坐落于紫金山上的紫金山天文台。

紫金山又称"钟山"，风景秀丽，山上有众多名胜古迹，有不少人以为，这就是一次课外旅行了，于是大家纷纷带了吃的喝的，抱着观赏风景的想法出发了。

来到紫金山天文台，两位老先生热情地迎了出来，老师向大家介绍，这两位就是紫金山天文台的台长张钰哲先生和著名的天体物理学家龚树模先生。当时的他们已经四五十岁了，可是他们的状态还像二十多岁的小伙子一样神采奕奕。两位先生兴致勃勃地邀请同学们进去参观，并在座谈会上亲切地为大家介绍紫金山天文台的相关情况。

紫金山天文台是中国自己建立的第一个现代天文学研究机构，被誉为"中国现代天文学的摇篮"。它的建成标志着中国现代天文学研究的开始，中国现代天文学的许多分支学科和天文台站都是从这里诞生和拓展的。

它的建筑风格是标准的中式风格，采用毛石作三间四柱式，覆盖着蓝色的琉璃瓦，跨于高峻的石阶之上，建筑间用梯道和栈道连通，各层平台都采用民族形式的钩阑，建筑台基与外墙用毛石砌筑，朴实厚重，与山石浑然一体。

这是一个综合性的天文台，在始建时拥有 60 厘米口径的反射望远镜、20 厘米折射望远镜附有 15 厘米天体照相仪和太阳分光镜等设备。在抗日战争时期，一部分仪器迁往昆明，其余遭到了破坏。1949年中华人民共和国成立后，才修复了损坏的天文仪器，并先后增置了一些先进的天文仪器，可以对恒星、小行星、彗星和人造卫星等进行观测与研究，同时也可以对太阳进行常规观测，研究太阳的活动规律，并做出太阳活动预报。但这些远远比不上国际水平。天文学是一门注重观测的学科，要从事具有国际水平的天文学研究，就必须要有国际先进水平的天文观测设备。尽管我国的天文学有着辉煌的历史，但在近代却屡遭劫难，当时，我国在这一领域更可以说是一穷二白，既没有人去做研究，也没有钱去发展，更别提配备精密仪器了。两位老先生边带领学生们参观边介绍，方成在这里既看到了浑仪、简仪等精美绝伦的中国古代天文仪器，更看到了当时落后的现代天文仪器。当时，紫金山天文台最好的设备就是那台60厘米口径的望远镜了，而放眼全世界，美国早已在1948年建成了世界上最大口径的508厘米反射望远镜。这古代与现代、先进与落后之间巨大的反差深深地震慑了年轻的方成。两位老先生边走边说，如果说世界天文学科是一个正不断前进的青壮年，那么我国的天文学科，不论天文研究还是设备水平，在国际上都还只是一个蹒跚学步的幼儿。

先生们说到这里，停下来深深地叹了口气："唉！"

这声叹气里包含着多少辛酸无奈，多少对未来的期待，多少沉重的压力，也许只有老先生们自己才能体会得到。一个工业化还未起步的国家，一个在被摧残后蹒跚而行的国家要付出多少才能重新站在世界大国的行列之中？在别人一日千里地前进之时，我们却刚刚迈出起点的第一步，这是多么令人焦灼的一件事啊！

这时，同学们早已将一开始玩乐的心态收了起来，在先生期许的眼神里，在那声深深的叹息中，他们这才渐渐地了解到，自己未来所要走的路、肩上的所担的担子，承载了多少人的期望和强国梦。

两位先生慈祥地看着面前学生们稚气未脱的面容，在他们身上感受到了洋溢的青春活力，希望的种子正在他们身上发芽。张钰哲台长拍了拍同学们的肩膀，凝重而又亲切地叮嘱他们："你们要好好努力呀！要知道，咱们新中国的天文事业，就要靠你们这一辈来振兴啦！"

方成站在这里，和同学们一样，被老一代天文学家的热情深深感染，满脸兴奋和感动，这种感觉与他内心始终存在的一股拼劲融为一体，强烈的使命感不断叩击着他的心弦，他在心里暗暗地下了决心：决不能辜负老一辈天文学家的期望，一定要完成"拓荒者"的历史使命，为振兴祖国的天文事业而奋斗！

南京大学一向以"诚朴""励学"作为校训要求师生，1956 年，国家又提出了"向科学进军"的口号，天文系同学们除了自身繁重的学业，还不得不面对许多现实的困难。首先，天文系刚刚建立没多久，并不具备完全独立的教学授课能力，数学跟着数学系上，物理跟着物理系上，学生们课程学习的

1955 年，方成在南大天文系圆顶旁

地点十分分散。其次,由于此时天文系和数学系被统一为数学天文系,然而从专业需求上来衡量,却又更接近物理,所以对学生们的数学和物理两个专业的基础知识要求都非常严格,加上天文学本身的基础课程,每个学生实际上都要面对三个专业课程的学习。更让学生们头疼的是,到了三年级以后,他们需要根据自己未来想要研究的方向,选修专业化程度更深的课程,这些课程的难度也会大很多。那时,他们的学习生活安排得非常紧张,每周要上 6 天课,星期日也要上半天课,一周实际上只有星期日的半天休息时间,平常晚上还有自修课,一直要学习到晚上 10 点才结束。这样高强度的学习使得方成无暇别顾,以至于来到南京许久,他对南京很多景点仍没有什么清晰印象。

当然,在学习上,并非只有方成一个人劲头十足。虽然同学们来自五湖四海,但是大家都有自己的梦想,因此在学业上都劲头十足,努力汲取科学文化知识,暗暗竞争。方成知道,要想在优秀的人中出类拔萃,只有更刻苦!他饱含着满腔热血,始终保持着一股拼劲儿,把休息时间几乎全都用在了学习上,偶尔利用课间时间锻炼身体,学习的劲头比高考前还强烈。在这样良好的学习气氛的带动下,期末考试中方成所有的科目都获得了 5 分的好成绩,而班上的成绩总平均分也达到了全校第一!

1946 年,英国曼彻斯特大学建造了直径为66.5米的固定式抛物面射电望远镜,1955 年,又建成了当时世界上最大的可转动抛物面射电望远镜。1957 年 10 月 4 日,苏联采用改装的 P-7 洲际导弹发射了世界上第一颗人造地球卫星"斯普特尼克 1 号",标志着苏联人将人类的活动领域扩大到了宇宙。人类对宇宙的探索不断前进。面对发达国家在天文方面的不断发展,方成和同学们越发努力,他们明白,落后的水平只能用勤奋与拼搏来加速弥补,要不然我国与世界水平的差距会越来越大。

在紧张学习的同时,方成当时的生活条件相对于现在的大学生来说,可以说是"惨不忍睹"。方成每个月的伙食费是9元钱,即便以当时的标准,这点钱也只够基本的生活开销。然而方成却十分满足,他日常的花费只是买一些学习用品,平常不怎么出去玩,也没有其他的额外消费,因为日常的学习任务太忙碌了。至于日常伙食,大家也是顿顿食堂,不过据方成回忆,食堂的伙食还真不错,有时还能吃上鲜嫩的鲫鱼呢! 在大学期间,方成和同学们没有下过一次馆子,直到毕业,他们才去饭店吃了一顿毕业餐。

随着时间的推移,学习内容不断深入,方成对天文学的兴趣也越来越浓,他越来越被广阔深邃的宇宙所吸引,并为之痴迷,把天文研究作为自己终身追求的决心也越加坚定。

□ 3．实践爱好者

不过,在日常生活中,方成总是不忘自己中学时受到的教育。一个人要是死读书、读死书,那么书本的价值就会打一个大大的折扣。特别是对天文学而言,理论的建立需要观测做背景,理论的有效性需要观测做验证,可以说,天文学就是建立在大量的观测基础上的。没有实地考察,没有动手操作,没有数据做支撑,所得到的理论只不过是凭空想象。所以,他在刻苦学习的同时,一直很重视实践活动的参与。

在实践方面,方成从自己的同学身上受益良多。天文系里有很多同学在上大学之前就对天文学和天文观测已经有了相当深入的了解,是铁杆的天文爱好者。系里的苏定强(后来成为中科院院士)就是如此。他自己磨制了一个口径6英寸(约15厘米)的镜头,可以清晰地拍摄到月亮的照片。同学们热情高涨,纷纷攒钱购买各种仪器,组织去郊外和山上进行观测,方成常常会跟他们一起结伴,在夜晚仰望星空。放假的时候,方成和同学们还会组织社会实践,到上海、南京的一些中小学去科普宣传天文知识。经过紫金山天文台的那次参观,他们越发感到,要发展天文事业真是任重道远,必须从小抓起。于是,这些年轻的学生们经常四处宣传,有的制作海报,有的撰写宣传词,有的深入接触各个年龄的小孩子,希望能调动起所有人的兴趣,对天文事业有所裨益。这种努力不仅对科普天文常识、增强天文在普通人中的影响力起到了积极的作用,更对他们自己有很大的帮助。在参与实践的过程中,每准备一次演说,他们就等于复习了一次课业,方成就在这种既是学又是教的过程中,越发深入地掌握了专业知识。

在1958年"大跃进"的年代里,为了鼓励大家"勤工俭学",天文系组织学生办了一个天文光学仪器厂。方成凭借自己一直以来的办事能力获得了好评,被选为厂长。班里的苏定强等同学主要负责光学设计部分,还有一些同学负责机械设计。这是一个学生自办的厂子,自己设计自己做。同学们动手磨了很多镜片,不仅做出了全国第一架马克苏托夫望远镜①,还做出了成批的10厘米望远镜拿去卖,既锻炼了自

---

① 一种由一个凹球面反射镜和加在前面的一块改正球差的透镜组成的折反射望远镜,1940年初由苏联光学家马克苏托夫发明,因此得名。

身能力,又获得了收入,真可谓是"自己动手,丰衣足食"。方成一直以来都喜欢实践,他认为要做成一件事情,坐在那里是永远也办不好的,必须自己动手。对于这个天文光学仪器厂,方成一直很有热情,他不仅参与仪器的制作,对于工厂的对外交际和上下联络,也处理得井井有条。

大四那年,苏定强等人自己动手设计制造了一架简易的日冕仪。这是一种特殊的望远镜,其中有一块挡板挡住了太阳圆面的光线,因此就能观测到太阳最外边的大气层——日冕。当时,我国没有日冕仪。大家天不怕、地不怕,硬是根据很少的参考资料,凭着学到的专业知识,造出了这样一架"土"日冕仪。

为了检验成品的效果,方成参加了天文系组织的 7 人试验小组,在两位指导老师的带领下,不远千里来到甘肃酒泉附近 3900 米高的祁连山朱韶关测试日冕仪。初上高山,不少常年生活在平原地区的同学都产生了高原反应,轻者头晕目眩,重者上吐下泻。经常锻炼运动的方成养成的好体格在这时起了作用,他基本没有发生高原反应,于是就和同学黄介浩承担起挑水、烧饭的任务,保证了全组的生活。尽管种种自然条件、生理反应让同学

方成在 3900 米高的朱韶关测试日冕仪

夸父逐日　方成传

们感到十分不适，但他们对日冕观测的兴致和对自己作品的信心并没有消减。经过几天的奋战，他们终于装好了望远镜，成功地观测到了太阳边缘的日珥。虽然由于望远镜的简易和天气条件的限制，他们未能观测到日冕，但这一次的大胆实践却给了这群"初生牛犊"极好的锻炼与极大的信心，为他们以后的发展打下了重要的基础。

在大学期间，方成还承担了班长、系学生会主席、校团委委员等多项校园社会工作职务，积极为班里的同学服务，他无意做一个书呆子，任何有趣的活动，他都有兴趣去尝试。他和同学一起，在系里积极组织了摄影、摩托车、歌咏、舞蹈等许多兴趣小组，组织各类比赛、晚会等活动，获得了不少好评。这些学校工作极大地锻炼了方成的组织能力和社会活动能力，而这些能力在之后建设太阳塔的过程中，起到了意想不到的重要作用。

在这些实践活动之外，方成也没有放弃自己喜爱的各项体育运动。在大学期间，学校对同学们的身体素质也有很高的要求，对跑步、跳远、单杠、引体向上等项目制定了准则，每人都要达到一定的指标才能及格。这对于方成这样喜欢运动的人来说，自然是易如反掌。他在大学期间每天早上 6 点就起床锻炼身体，锻炼完才去上课，到了下午也要锻炼一个小时。除学校的要求外，这也是方成自己的兴趣使然，尤其是下午的锻炼，可以选择自己喜欢的项目，他就更有劲头了。方成在中学就喜爱游泳，经过大学这 4 年的练习，游泳技术又上一层楼。在 20 世纪六七十年代，方成作为学校教职工，还凭借自己精湛的游泳技术游过长江。

当时正处于"文化大革命"期间，教学活动处于无序状态，学校便组织了一场游泳活动，起点是临近安徽马鞍山的长江上游,终点是南京,全程总计 25 千米。当时的年轻小伙子方成积极参加了这项活动,他的水平在当时的教职工中可以说是翘楚,不过这中途不停歇的 25 千米对他来说仍旧是个巨大的挑战。但是方成是个喜欢挑战自我的人,他不仅自己游完了这 25 千米,甚至还带了个人一起游完了全程!

原来,在当时一起参与活动的老师里,有一个不太会游泳的同事,但他不想错过这次长江游。为了让每个人都享受到游泳的乐趣,大家集思广益,想出了一个办法——给那位同事一个系上绳子的救生圈,绳子的另一头系在方成身上。就这样,方成带着同事游完了 25 千米,成功完成了从马鞍山到南京的"长江之旅"。至今回忆起这件事,方成还津津乐道,认为这是自己游泳史上的一个里程碑。

除游泳之外,方成还喜欢踢球、跳高、打乒乓球等运动,他的乒乓球曾获得过系第一名和全校前十名的好成绩。同时,对于自己不了解的运动,方成也热衷探索和学习。在大学期间,学校组织大家学习驾驶摩托车,方成认为这也是一项技术,而且从男生的角度,他认为骑摩托车很"酷"。学了没多久,他就能和同学们骑着摩托车到中山陵兜风了,那股风驰电掣的感觉,真是爽快极了!

作为运动实践的爱好者,方成在日常学习中也非常重视动手操作的必要性。在学习过程中,需要许多实验进行辅助,方成喜欢动手去做这些实验。他知道,理论只是书本上的,只有应用到实践中,才能真正起作用,所以,直到现在,他对实验都十分重视。在当时,他的实验内容是多方面的,包括电路、声波的测量、用经纬仪测量天体的位置等。还有许多很有趣的实践,比如在夏日的夜晚,辨认满天繁星所属的星座。在理论与实践中,方成如饥似渴地学习着知识,取得了优秀的成绩。本科 4 年下来,他以各科全优的突出成绩获得了毕业证书。

本科毕业让方成又一次走到了人生的十字路口,再一次面临选择的时候,竟如同他当年报考大学时一样,又发生了一件"阴差阳错"的事。

天文和其他理科专业类似,大方向分为理论和观测应用两条路。天文台主要发展观测设备,在观测应用方面一向做得比较好;高校则刚好相反,由于同时肩负教学任务,所以更倾向于理论研究方面。本科 4 年的学习和实践,让方成对观测应用非常感兴趣。而天文方向的观测应用单位就是天文台,不论是紫金山天文台还是北京天文台,这些拥有雄厚实测能力和设备的天文台站都是方成当时的首选。如果事情完全按照方成当时的计划发展,也许他的人生会和现在完全不同。可是,人生的际遇就是这么奇妙,在方成一心想去天文台工作的时候,学校却在积极地争取将他留下。这是为什么呢? 一方面,方成的学习成绩一直十分优秀,另一方面,他又是系里的学生会主席。不论是对天文台还是对学校,这样的人才都非常难得。在大多数同学眼中,留校和去天文台的工作,单从研究环境和就业待遇来看,两者并没有高下之分,唯一的区别是自己的意愿。于是,方成又迎来了一次谈话——与高中时的场景很相似,不过,这回是天文系系书记来找他。

"小方啊,虽然你的个人意愿可能比较倾向去天文台工作,但是你也知道,学校现在正在大力建设天文系,正是需要人才的时候。你在这儿上了 4 年学,对环境也熟悉,不需要适应调整。学校会给你提供充足的资源,如果你留校,一样能发展得很好……"书记苦口婆心地劝说着,他是真心希望能将这个人才留在学校,做出更多优秀的教学和研究成果。

当时大学毕业是分配制,个人意愿仅作参考。在几番权衡之后,方成最终还是服从分配,留在学校担任一名助教。一年之后,学校将数学天文系中的天文专业单独划为南京大学天文系,他顺理成章地成了南京大学天文系教师中的一员。

有意思的是,纵观方成的一生,每一次"阴差阳错"带给方成的都不是坏事。又或者可以这么说,事情本没有好坏之分,而关键在于用怎样的态度去对待它。正是由于方成不论面对怎样的变化都始终保持一种积极的态度,认真做好自己的事,他才会不因"差错"而使人生黯淡无光,最终都取得了非凡的成绩。

□4．渐渐蒙上的阴影

在方成念大一、大二期间,国内政治气氛还相对比较平静,学生们的任务就是努力学习,将来投身社会主义事业的建设。但是,在升上大三之后,"整风运动""反右派"陆陆续续闯进了学生们的生活,学校的气氛变得让紧张不安,人心惶惶。幸运的是,这场运动在学生中的影响还很有限,没有影响到学生们正常的学习生活。可是,没过多久,"大跃进"来了,这一次,教学、科研都没能逃过一劫。教师不再上课,学生则全都跑出去勤工俭学、大炼钢铁。"鼓足干劲,力争上游",全国人民都陷入了一种亢奋的情绪中,更别提这些正值青春热血的大学生了。

当时,课业已经被打乱,方成也只能在劳动间隙看书学习，这也使得大四一整年他基本没有好好上课。直到许多年以后，每当他回忆起那段特殊时期，还总是会摇头叹息："唉，太可惜了，那段时间不怎么上课，太可惜了。"惋惜之情溢于言表。

毕业留校后，国家又遭遇了"三年自然灾害"，很多人都饿得面黄肌瘦。当时方成等人正在构建的太阳塔相关任务也在国家无力支持的情况下宣告暂停。1962 年之后，自然灾害缓解了，可是这所有的一切还没有结束。

20 世纪 60 年代初，中国面临的国际形势和周边环境日益恶化，朝着不利于我国进行和平经济建设的方向转变。世界局势面临着严重危机。此时，毛泽东在其主持召开的中共中央工作会议上做出了三线建设的重大战略决策，目的是加强战备，逐步改变我国的生产力布局，建设重点位于西南、西北。这个决策把全国划分为一、二、三线：一线地区指位于沿边沿海的前线地区；二线地区指一线地区与京广铁路之间的安徽、江西及河北、河南、湖北、湖南四省的东半部；三线地区指长城以南、广东韶关以北、甘肃乌鞘岭以东、京广铁路以西，主要包括四川（此时包括重庆）、贵州、云南、陕西、甘肃、宁夏、青海等中西部省区和山西、河北、河南、湖南、湖北、广西、广东等省区的后方腹地部分，其中西南的川、贵、云和西北的陕、甘、宁、青俗称为"大三线"，一、二线地区的腹地俗称为"小三线"。于是，成千上万的知识分子、工人、干部、解放军战士在"备战备荒为人民""好人好马上三线"的时代号召下，下定决心搞好三线建设，他们收拾行李，跋山涉水来到祖国的大西南、大西北，风餐露宿，用艰辛与血汗建起了上千个大中型工矿企业、科研单位和大专院校。

南京大学也受到了时代洪流的冲击。经中央批准，南京大学和清华大学、北京大学、华东化工学院等四所院校迁出部分专业到三线地区建设，要求三年迁建完成。1965 年 3 月，高等教育部正式下达了中央批准建立分校的通知和分校基本建设任务书。5 月中旬，接到高等教育部通知后，南京大学分校定名为中南分校，在湖南省桃源县河洑镇罗家冲建校。当时的南京大学校长匡亚明先生对"三线建设"非常重视，派第二书记胡畏（之后改为副书记戈平）坐镇湖南分校，主持分校的基建工作，并且立即在校内抽调财务管理、政工干部、行政安保 20 多人，食堂员工、水电工、医生护士等 10 多人。气象系、天文系也同样派出工作人员。方成就是被抽调去湖南建设南京大学分校的成员之一，参与这项代号为"654"的工程。

方成怀抱着一腔热忱，带着行李来到了湖南常德。这里曾是陶渊明《桃花源记》的"官方认证地"，本来应该是如同仙境一般幽静宁谧的地方，可是，现在这里没有了"芳草鲜美，落英缤纷"，而是充满了招展的红旗与热火朝天的口号声，小小的河洑镇喧闹异常。方成来到这里后，被分配在设备处工作，主要负责采购仪器设备等。

分校要建设的教室、实验楼、宿舍、医院、食堂等本来规划在山沟里，从战略目的考虑，这样的安排的确十分隐蔽，不易被发现。可是后来去考察的人都强烈反对这个选址，个个叫苦不迭。为什么呢？原来湖南天气潮热，雨水又多，河湖密集，山沟里的空气湿度更大，闷热潮湿，还有不少蚊虫蛇蝎，实在是一天都住不下去，让学生过来，这不是在害人吗？而且在这种环境下，学校的一些精密仪器也会生锈发霉，导致仪器毁坏，不利于学术研究的展开。在这种情况下，高等教育部批准将分校的基建工地从山沟里迁上山。

1965 年 7 月下旬，"削山填谷"的工程开始了！钢材、水泥都要从一两千公里远的地方，经铁路、公路、水路运到沅江边上的码头仓库里。方成所在的设备处每天都要为分校的建设奔波忙碌，没过多久，整个人就被晒得黝黑，几乎脱掉了一层皮。

在大家激情澎湃的奋斗努力下，工程进展很快，到 1966 年 5 月，基本框架已经建成，并开始安装设备，不久就可以如期招生了。不出意外的话，方成将会留在湖南分校，继续建设这里的院系。

这时，他人生中的第三次"阴差阳错"发生了。1966 年 5 月，"文化大革命"开始了，湖南分校的建设中途停止，原来赴分校参加筹建的人员除少数留下外，其余都返回学校投身革命。方成又背起了包裹准备返回南京。他心心念念的太阳塔工程已经停滞，他不知道迎接自己的将会是什么暴风骤雨。

第四章　太阳——人类遥远的梦

　　每一个伟大的科学家一生中必定有一项代表性的成就，对于方成来讲，这项成就便是太阳塔。太阳塔自规划到建成，总计耗时 24 年，这 24 年的艰辛历程，不仅仅是方成科研工作的写照，更是新中国科学事业发展的一个缩影。

　　在我们正式介绍太阳塔之前，让我们先脱离方成的人生轨迹，来科学系统地认识一下人类最熟悉的陌生恒星——太阳。

□ 1．太阳系的中心

　　每个清晨，当地球上的人们从睡梦中醒来，漫天红霞中的太阳，就会将它的光与热洒向大地，万物复苏，人类一天的劳作即将开始。

　　每个傍晚，太阳结束了它一天的工作，在西方沉沉落下，它将光芒赐予接替它工作的月亮，为地球披上温柔的轻纱，伴随人们进入梦乡。

　　然而在天文工作者的眼中，并没有那么多感性的成分。他们在热爱着它的同时，也在孜孜不倦地研究着它，期望能够揭开它神秘的面纱。

太阳是太阳系中唯一的恒星和会发光的天体,是太阳系的中心。太阳系90%多的质量都集中在太阳身上。太阳的质量相当于地球质量的33万多倍,体积大约是地球的130万倍;半径约为70万千米,是地球半径的109倍多。但在整个银河系,乃至整个可观测宇宙中,它却是一颗再普通不过的恒星了。正是这颗恒星,抚育着我们整个地球的生灵。

　　构成太阳的物质大多是普通的气体,其中氢约占71.3%、氦约占27%,其他元素占2%。太阳从中心向外可分为核反应区、辐射区和对流区、太阳大气层。它的中心区在不停地进行热核反应,所产生的能量以辐射方式向宇宙空间发射,其中二十二亿分之一的能量经过大约8分钟辐射到地球,成为地球上光和热的主要来源。太阳大气层就像地球的大气层一样,可以按照不同的高度和不同的性质分成各个圈层,从内向外分别为光球、色球和日冕三层。我们平常看到的太阳表面是太阳大气的最底层,温度约为6000摄氏度,且并不是透明的,因此我们不能直接看见太阳的内部结构。但是,天文学家根据物理理论和对太阳表面各种现象的研究,建立了太阳内部结构和物理状态的模型。

　　其中,核心区、辐射层和对流层构成了太阳的内部结构。

　　太阳的核心区半径是太阳半径的1/4,约为整个太阳质量的一半以上。太阳核心区的温度非常高,达到1500万摄氏度,压力也很大,这使得由氢聚变为氦的热核反应能够发生,并释放出极大的能量。这些能量再通过辐射层和对流层中的物质的传递,才得以传送到达太阳光球的底部,并通过光球向外辐射。太阳中心区的物质密度非常高,每立方厘米可达160克。在自身强大重力的吸引下,太阳中心区处于高密度、高温和高压的状态,所以,这里是太阳巨大能量的发源地。

太阳中心区产生的能量要传递出去,主要方式是通过辐射。太阳中心区之外就是辐射层,辐射层的范围是从热核中心区顶部的 0.25 个太阳半径向外到 0.71 个太阳半径,这里的温度、密度和压力都是从内向外递减的。从体积来说,辐射层占整个太阳体积的绝大部分。

太阳内部能量要向外传播,除了辐射形式,还有对流过程。从太阳 0.71 个太阳半径向外到达太阳大气层的底部,这个区间就是对流层。这一层气体的性质变化很大,很不稳定,形成明显的上下对流运动。这就是太阳内部结构的最外层。

在了解了太阳的内部结构后,接下来的就是我们比较熟悉的太阳外层结构,太阳大气层就是这一部分。

太阳大气层的最内部就是太阳光球,是我们平常所看到的太阳圆面,通常所说的太阳半径也是指光球的半径。光球层位于对流层之外,属于太阳大气层中的最底层或最里层。光球的表面是气态的,其平均密度只有水的几亿分之一,但由于它的厚度有 500 千米,所以光球是不透明的。光球层的大气中存在着激烈的活动,用望远镜可以看到,光球表面有许多密密麻麻的斑点状结构,它们呈多角形小颗粒形状,很像一颗颗米粒,因此被天文学家们称为米粒组织。虽说它们是小颗粒,但实际的直径也有 1000～2000 千米。事实上,它们是太阳光球层上的一种日面结构,极不稳定,一般持续时间仅为 5～10 分钟,其温度要比光球的平均温度高出 300～400 摄氏度。科学家们认为,这种米粒组织其实是光球下面气体的剧烈对流造成的现象。明亮的米粒组织很可能是从对流层上升到光球的热气团,随时间变化,且呈现出激烈的起伏运动。米粒组织上升到一定的高度时，很快就会变冷，并马上沿着上升热气流之间的空隙处下降；它们的寿命也非常短暂，来去匆匆，从产生到消失，平均寿命只有几分钟。不过，在老米粒组织消逝的同时，新的米粒组织又在原来位置上很快出现，这种连续现象就像煮汤的锅中不断浮现的泡泡一样。

光球表面另一种著名的活动现象便是我们比较熟悉的太阳黑子。通过一般的光学望远镜观测太阳，观测到的就是光球层的活动。在光球上经常可以看到许多黑色斑点，这些就是太阳黑子，它们在日面上的大小、多少、位置和形态，每天都不一样。太阳黑子是光球层物质剧烈运动形成的局部强磁场区域，是光球层活动的重要标志。它们大多呈现近椭圆形，是太阳表面温度相对较低的区域，在明亮的光球背景反衬下显得比较黑暗，但实际上它们的温度高达 4000 摄氏度左右。如果能把黑子单独取出来，一个大黑子就可以发出相当于满月的光芒。日面上黑子出现的情况不断变化，这种变化反映了太阳辐射能量的变化。长期观测太阳黑子就会发现，有的年份黑子多，有的年份黑子少，有时甚至几天、几十天日面上都没有黑子。天文学家们早已注意到，太阳黑子从最多（或最少）的年份到下一次最多（或最少）的年份，大约相隔 11 年。经过测算，太阳黑子有平均 11.2 年的活动周期，这也是整个太阳的活动周期。天文学家把太阳黑子最多的年份称为"太阳活动峰年"，把太阳黑子最少的年份称为"太阳活动宁静年/太阳活动谷年"。

经过好几个世纪的研究，人类对太阳黑子的研究已经有了一定的成果。人们发现，黑子这类太阳活动会对地球的磁场和电离层产生干扰，使指南针不能正确指示方向，动物迷路,无线电通信受到严重影响或中断,甚至直接危害到飞机、轮船、人造卫星等通信系统安全。

在太阳黑子活动的高峰期,太阳会发射大量的高能粒子流与 X 射线,引起地球的磁暴和电离层暴现象,导致气候异常,这就为流行疾病提供了温床。

同时,太阳活动还可能引起生物体物质出现电离现象,引起感冒病毒中的遗传因子变异,或者发生突变性的遗传,产生强感染力的亚型流感病毒,形成流行性感冒,或者导致人体的生理发生其他复杂的生化反应,影响健康。因此,在太阳黑子量达到高峰期时,人类要及早预防流行性疾病。

一位瑞士天文学家还有这样的发现,当太阳黑子多的时候,气候干燥,农业丰收;而当黑子少的时候,暴雨成灾。地震工作者发现,太阳黑子数目增多的时候,地球上的地震也多。植物学家发现,植物的生长也随着太阳黑子的出现而呈现 11 年周期的变化,黑子多长得快,黑子少长得慢。这些也说明,太阳的各种变化与我们的地球息息相关。

紧贴光球之上的一层大气称为"色球层",平时不易被观测到。在过去,这一区域只有在日全食时才能被看到。当月亮遮掩了光球明亮光辉的一瞬间,人们会发现,日轮边缘上有一层玫瑰红的绚丽光彩,那就是色球。色球层厚约 2000千米,它的化学组成与光球基本上相同,但色球层内的物质密度和压力要比光球低得多。日常生活中,离热源越远的地方温度越低,而太阳大气的情况却截然相反,光球顶部接近色球处的温度差不多是 4300 摄氏度,到了色球顶部温度竟高达上万摄氏度,再往上,到了日冕区温度陡然升至上百万摄氏度。人们对这种反常增温现象感到疑惑不解,至今也没有找到确切的原因。

在色球上人们还能够看到许多腾起的火焰，这就是天文上所谓的"日珥"。日珥在爆发前，是大量悬浮在太阳大气中的冷气团。它是一种迅速变化着的活动现象。同时，日珥的形状也可说是千姿百态、美不胜收。每当日珥出现时，太阳大气层的色球酷似燃烧着的草原，玫瑰红色的舌状气体如烈火升腾，形状千姿百态，有的如浮云，有的似拱桥，有的像喷泉，有的酷似团团草丛，有的美如节日礼花，而整体看来，它们的形状恰似贴附在太阳边缘的耳环，由此得名为"日珥"。天文学家们根据形态变化规模的大小和变化速度的快慢，将日珥分成宁静日珥、活动日珥和爆发日珥三大类。其中最壮观的就是爆发日珥了，这种本来在平稳活动的日珥，忽然一下子"怒发冲冠"，将气体物质向上不断抛射，有些可以脱离太阳、喷向日地空间，有些又可回转至太阳表面。

到了太阳大气的最外层，就是我们比较熟悉的日冕了。日冕中的物质也是等离子体，它的密度比色球层更低，但它的温度反而比色球层高，可以达到上百万摄氏度。日全食时，在太阳圆面周围可以看到放射状的非常明亮的银白色光芒，这就是日冕。日冕会一直延伸到好几个太阳半径的地方。它还有向外膨胀运动，使冷电离气体粒子连续地从太阳向外流出，形成太阳风。

除了上面这些，标志性的太阳活动还有以下几种。

太阳耀斑

这是一种剧烈的太阳活动，以前一般认为发生在色球层中，所以也叫"色球爆发"。它的主要观测特征是，日面上（通常在黑子群上空）突然出现迅速发展的亮斑闪耀，其寿命仅在几分钟到几十分钟之间，亮度上升迅速，而下降较慢。特别是在太阳活动峰年,耀斑出现频繁且强度变强。

虽然它只是一个亮点,却万万不可小觑,因为耀斑一旦出现,就是一次惊天动地的大爆发。这一增亮释放的能量相当于 10 万至 100 万次强火山爆发的总能量,或者相当于上百万枚百吨级氢弹的爆炸;而一次较大的耀斑爆发,在一二十分钟内就可以释放 10^{25} 焦耳的巨大能量。

除了日面局部突然增亮的现象外,耀斑更主要是表现在从射电波段直到 X 射线的辐射通量的突然增强。耀斑发射的辐射种类繁多,除了可见光外,还有紫外线、X 射线和伽马射线,有红外线和射电辐射,还有激波和高能粒子流,甚至有能量非常高的宇宙射线。

耀斑对地球的空间环境会造成很大影响。耀斑一爆炸,地球大气层也立刻会出现缭绕余音。耀斑爆发出的大量高能粒子到达地球轨道附近时,将会严重危及宇宙飞行器内的宇航员和仪器的安全。当耀斑辐射来到地球附近,与大气分子发生剧烈碰撞时,会破坏电离层,使它失去反射无线电电波的功能。无线电通信尤其是短波通信以及电视台、电台广播将会受到干扰甚至中断。耀斑发射的高能带电粒子流与地球高层大气作用,也会产生极光并干扰地球磁场,引起磁暴。

光斑

用天文望远镜观测太阳时,常常可以发现,在太阳光球层的表面有的明亮、有的深暗。这种明暗斑点是由于区域的温度高低不同而形成的,比较深暗的斑点我们已经知道,就是"太阳黑子",而比较明亮的斑点则叫作"光斑"。光斑常在太阳表面的边缘出现,却很少在太阳表面的中心区露面。这是因为太阳表面中心区的辐射属于光球层的较深气层,而边缘的光主要来源于光球层的较高部位,所以,光斑比太阳表面高些,可以算得上是光球层上的"高原"。

光斑的亮度只比宁静光球层略强一些,一般只大 10%;温度比宁静光球层高约 300 摄氏度。许多光斑与太阳黑子形影不离,常常环绕在太阳黑子周围。少部分光斑与太阳黑子无关,活跃在 70°高纬区域,面积比较小。

光斑的平均寿命约为 15 天,较大的光斑寿命可以达到 3 个月。它们不仅出现在光球层上,还会出现在色球层。当它在色球层上"表演"时,活动的位置与在光球层上露面时大致吻合。不过,出现在色球层上的不叫"光斑",而叫"谱斑"。

太阳风

太阳风是一种连续存在、来自太阳并以每秒 200～800 千米的速度运动的等离子体流。这种物质虽然与地球上的空气不同,不是由气体的分子组成,而是由更简单的比原子还小一个层次的基本粒子——质子和电子等组成,但它们流动时所产生的效应与空气流动十分相似,所以将它称为"太阳风"。

不过,太阳风的密度与地球上的风的密度相比,是非常稀薄且微不足道的。一般情况下,在地球附近的行星际空间中,每立方厘米有几个到几十个粒子。而地球上风的密度则为每立方厘米有 2687 亿亿个分子。太阳风虽然十分稀薄,但它刮起来的猛烈程度却远远胜过地球上的风。在地球上,12 级台风的风速是每秒 32.5 米以上;而太阳风的风速在地球附近却经常保持在每秒 350～450 千米,是地球风速的上万倍,最猛烈时甚至可达每秒 800 千米以上。

太阳风的主要成分是氢粒子和氦粒子，它分为两种：一种持续不断地辐射出来，速度较快，粒子含量较少，被称为"高速太阳风"或"持续太阳风"；另一种是在太阳活动时辐射出来，速度较慢，粒子含量较多，这种太阳风被称为"低速太阳风"或"扰动太阳风"。低速太阳风对地球的影响很大，当它抵达地球时，往往会引起很大的磁暴与强烈的极光，同时也会产生电离层骚扰。

冕洞

冕洞的分布区域很广，可以达到太阳表面多数地区，尤其是在太阳的两极地区，而且温度极高，可达到数百万摄氏度。天文学家们已经发现，冕洞内部存在开放的磁力线，如果磁力线突然打开，那么太阳表面就会出现较大范围的冕洞覆盖现象，其分布区域有时远大于两极地区。冕洞形成时会携带大量的炙热等离子体。科学家们发现，如果冕洞发生的区域分布在太阳表面的高纬度地区，那就可以形成速度较快的太阳风。

太阳表面和大气层中的活动现象，诸如太阳黑子、耀斑和日珥等，会使太阳风大大增强，有时会产生所谓的"日冕物质抛射"事件，造成许多地球物理现象，例如极光增多、大气电离层和地磁的变化。太阳活动和日冕物质抛射事件的增强还会严重干扰地球上无线电通信及航天设备的正常工作，使卫星上的精密电子仪器遭受损害，地面通信网络、电力控制网络发生混乱，甚至可能对航天飞机和空间站中宇航员的生命构成威胁。因此，监测太阳活动和日冕物质抛射的强度，适时做出空间气象预报，是现在天文研究的一个重要领域，被称为"空间天气学"。

这就是太阳系的中心——太阳,尽管它是如此威力无穷、照拂万物,但也并非长盛不衰。恒星也有自己的生命史,它们诞生、成长、衰老,最终也会走向死亡。实际上,构成行星和生命物质的重原子就是在某些恒星生命结束时发生的爆发过程中创造出来的。太阳如今的年龄约为45亿年,它还可以继续燃烧约50亿年。现在,太阳上绝大多数的氢正逐渐燃烧转变为氦,可以说太阳正处于最稳定的主序星阶段。对太阳这样质量的恒星而言,主序星阶段一般会持续100亿年左右。恒星由于放出光热而慢慢地在收缩,而在收缩过程中,中心部分的密度就会增加,压力也会升高,使氢燃烧得更厉害,这样一来温度就会升高,太阳的亮度也会逐渐增强。太阳自从45亿年前进入主序星阶段到如今,光的亮度增强了30%,预计今后还会继续增强,从而导致地球温度不断升高。

　　50亿年后,当太阳的主序星阶段结束时,太阳光的亮度将是如今的2.2倍,而地球的平均温度要比如今高60摄氏度左右。届时就算地球上仍有海水,恐怕也快被蒸发光了。在主序星阶段,因恒星自身引力而造成收缩的这股向内的力和因燃烧而引起的向外的力会互相牵制而达到平衡。但在50亿年后,太阳中心部分的氢会燃尽,最后只剩下其周围的球壳状部分有氢燃烧。在球壳内部不再燃烧的区域,由于抵消引力的向外的力减弱而开始急速收缩,此时太阳会越来越亮,球壳外侧部分因受到影响而导致温度升高并开始膨胀,这便到了另一个阶段——红巨星阶段。红巨星阶段会持续数亿年,其间太阳的亮度会达到如今的2000倍,木星和土星周围的温度也会升高,木星的冰卫星以及作为土星特征的环都会被蒸发得无影无踪,最后,太阳的外层部分甚至会膨胀到如今的地球轨道附近。

另一方面,从太阳的外层部分会不断放出气体,最终太阳的质量会减至主序星阶段的60%。因为太阳的引力减弱,行星开始远离太阳。当太阳质量减至原来的60%时,行星和太阳的距离要比现在扩大70%。这样一来,虽然水星和金星被吞没的可能性极大,但地球在太阳外层部分到达之前应该会拉大距离而存活下来,火星和木星型行星(木星、土星、天王星、海王星)也会存活下来。

在最后阶段,像太阳这样质量的星球,在其密度已变得非常高的中心部分只会收缩到一定程度,也就是温度只会升高到某种程度,中心部分的火就会渐渐消失。太阳会逐渐失去光芒,膨胀的外层部分将收缩,冷却成致密的白矮星——这是所有恒星存在的最后阶段。通过红巨星阶段的考验存留下来的行星将会继续围绕太阳运行,所有的一切都将被冻结,再经历许多年,太阳将最终完全冷却,然后慢慢地消失在黑暗里。最后迎接太阳系的将会是永恒的寂静。

□2．远古逐日

从古至今,所有生物都处于太阳的照耀之下,它时而温柔如慈母,以和煦的光芒抚慰万物,使它们绽发出勃勃生机;时而又如同暴戾的猛兽,用酷热的金箭使大地龟裂、生灵涂炭。它的威严无远弗届,照拂着生活在地球上的一切。自远古至今,不论哪个时代,先民们对太阳一直保持着虔诚的敬仰,他们膜拜太阳,因为它的光与热为他们带来春天、带来食物、带来温暖;但他们也惧怕太阳,因为它会无情地用干渴、炎热夺取许多生命。与此同时,人类从未停止下对未知探索的脚步。在远古时期,先民们用自己朴素的认知揣测着太阳,他们将太阳赋予生命,认为它是永恒存在的神祇,并结合它的特性,在自己的想象中不断完善这位神祇的形象。

在古代的诸多文明里都有关于太阳的传说,太阳神的威力和地位也在各个体系的神话中高居在前。这说明,在远古时期,人们已经对太阳的能量有了模糊的认识,许多文明都以太阳的运行作为历法的基准。

古埃及时期制定的太阳历是人类历史上第一部太阳历。在公元前 3000 年左右,古埃及人根据对尼罗河河水上涨和天狼星的长期观察,将每年一度的尼罗河泛滥日定为一年的开始,这一天在下埃及(当时埃及分为上下埃及,以孟菲斯为界),天狼星和太阳正好同时在地平线上相遇。这是一种比较精确的天文历法,有效地保证了农业生产的发展。太阳在古埃及人的生活中如此重要,因此,他们极其推崇太阳神"拉",拉神被看作白天的太阳。后来,古埃及人还将朝日太阳神阿顿、埃及南部底比斯的太阳神阿蒙等与拉神融合在一起,对他们顶礼膜拜。但是,不管怎样,这些神的形象都是以太阳为基础的。太阳神拉被认为是至高无上的神,他无所不能,创造万物,分离天空、陆地与海洋,创造云朵、雪花和风雨,以及一切生物。因为对埃及人来说,太阳代表着光明、温暖和生长,所以,太阳神显得非常重要,这正是先民们对太阳的朴素认识而形成的超自然的神话。

在古希腊的神话里,太阳神是以一个年轻英俊的青年男子形象出现的,他的名字叫作阿波罗。每当黑夜逝去,住在东方的黎明女神就会醒来,打开阿波罗寝宫的大门。当清晨的星星逐渐消失在天边时,阿波罗便驾着由四匹骏马拉着的太阳车,在天空上巡视大地,将光明和温暖带给地球上的万物。太阳神阿波罗所代表的,正是人们对太阳的喜爱和推崇,是人们对太阳光明的向往。正是由于太阳对地球上的生物的确太重要了,先民们才把许多美德和本领集于太阳神一身,将它当作神灵来供奉。20世纪60年代,美国科学家就将一艘宇宙飞船命名为"阿波罗号"。人们对宇宙的好奇与探究从未停止。

至于我国古代,关于太阳的神话传说就更多了,但与其他国家有所不同的是,我国的太阳神并不是太阳的化身,而是太阳之母——羲和的化身,也可以说,是一种太阳运行规律的化身。《山海经》中写道,东海和南海的外面,在甘水之间,有一个羲和之国,这个国家有一个女子就被称为"羲和",她是帝俊的妻子,她为帝俊生了10个太阳儿子。在传说中,这些太阳之灵被称作"金乌",这也成了太阳的别称。这10个太阳儿子长成三足乌鸦的样子,住在东方大海的扶桑树上,每天早上被母亲羲和驾着车轮流送到天上值班,到了晚上,羲和又驾着车,接太阳儿子回家。她还经常在一个叫甘渊的地方为太阳儿子们洗澡。羲和掌握着时间的节奏,每天由东向西,驱使太阳前进,她可以说是先民们对太阳运行规律的揣测。

在我国古代关于太阳的神话里,最有名的并不是太阳创造万物或是对它顶礼膜拜的内容,而是对太阳的追逐和征服。我们的祖先从不对大自然抱有盲目的信仰,他们期望的是了解它、掌握它的规律,然后为自己所用。《山海经》中有这么一个故事。在北方大荒之中,有座名叫"成都载天"的山,山上住着一个人,耳朵穿着两条黄蛇,手中握着两条黄蛇,他名叫夸父。夸父与太阳赛跑,想追上太阳摘下它,为人类永远留存下光明温暖。他一直跑啊跑,追到了禺谷。他感到非常口渴，就去喝黄河、渭河的水，这两条河里的水喝光了，就去北方的大湖喝。但他还未赶到，就渴死在了半路上。他手中丢下的木杖，就化为了大片大片的桃林。在这里，夸父可谓是人类征服太阳的一个精神象征，他不惜献身，英勇无畏，敢于向太阳挑战，为人类谋取福利，可以说是中国版的"普罗米修斯"。

另一个征服太阳的人，则更为我们所熟知，他就是后羿，后羿射日的故事广为人知。传说羲和的 10 个太阳儿子本来是轮流值班，秩序井然。谁知这样的日子过得久了，10 个太阳觉得无聊，于是，当黎明来临时，10 个太阳一起爬上双轮车，踏上了穿越天空的征程。他们开心了，下界的百姓可遭了殃，10 个太阳放出的热量瞬间晒干了所有的河流，晒死了所有的树木，动物也奄奄一息，人们四下流窜，发疯似的寻找可以躲避灾难的地方以及能救命的水和食物。人们在火海灾难中苦苦挣扎，祈求上苍的恩赐！英雄后羿箭术了得，百发百中，他不忍心见生灵涂炭，便跋涉万里来到东海边的一座高山上，用他的射日弓配上金箭，瞄准天上调皮的太阳，"嗖嗖"几箭就将他们射落，最后只剩下了一个太阳，他害怕了，就听从后羿的吩咐，老老实实地每天按时为大地贡献热量。根据后代人的推测，这则神话实际上是记载了一次远古时的大干旱，太阳的炙烤让人们幻想出一个英雄来征服它，以让万物生存，人们安居乐业。

不管是哪一国的神话，太阳在人类文明中的作用毋庸置疑，而探索太阳的奥秘，也是一直以来人们孜孜以求的。人们喜爱太阳、尊重太阳，也畏惧太阳。但是，随着现代天文事业的不断发展，太阳不再是以前那个先民们顶礼膜拜和遥远观望的大火球，它的神秘面纱开始被慢慢揭开。天体物理学家们，尤其是像方成这样的许许多多的太阳物理研究者，与我们的先人一样，继承他们的遗志，怀着虔诚的理想，不断努力靠近它、了解它。

□ 3．人类的探索

不可否认，在很多人眼中，太阳是人的天然尺度，时间的管理者和监守者，朝升夕落，它建立、管理、规定并揭示出变迁和带来的一切季节。先民借此尺度而建立了自身的生活节奏，然而太阳并非静止的，它瞬息万变，而太阳活动的能量更是骇人得不可想象，它在数秒内释放相当于 10 亿颗原子弹的能量，而这仅仅是太阳表面的活动。

从古到今，人类不断地研究这个又神秘又美丽的星体。太阳物理学就是这样诞生的，它是用物理方法研究太阳的本质和演化的一门学科，是天体物理学的一个分支。和天体物理的其他子学科一样，太阳物理学是一门以观测作为主要研究手段的学科。让太阳研究从对所有恒星的研究中脱颖而出的，是它和地球之间的距离。太阳作为离地球最近的恒星，不仅能够为我们研究其他恒星提供参考，更重要的是它和我们的生活是直接相关的。

人类对太阳的认识可大致分为三个阶段。

第一阶段：17 世纪之前，属于神秘和凭直觉认知阶段。在这个阶段，中国古代对黑子有了大量肉眼观测和史书记载，对太阳研究的初步进展做出了杰出贡献。

第二阶段：17 世纪初至第二次世界大战前后，这是以光学望远镜、光谱仪和照相技术的发展为主要特征的阶段，人类从物理上初步认识了太阳。

第三阶段:第二次世界大战后至今,人类开始进入全面和深入认识太阳物理性质阶段。科学和技术的发展使人类进入了空间与计算机时代。太阳物理学由单纯的可见光观测进入全波段观测,射电、紫外、X射线、γ射线、各种高能粒子和电子、中子、直到中微子探测等手段均已被采用,并向观测声频太阳振荡发展。接收系统由简单的光电系统发展到二维CCD系统,配有强大的图像处理和计算机分析,并产生了数值模拟新方法。

关于太阳物理方面最早的记录,是公元前140年前后,《淮南子》中关于太阳黑子的记载:"日中有踆乌。"《汉书·五行志》中对公元前28年出现的黑子记载则更为详细:"河平元年,三月乙未,日出黄,有黑气大如钱,居日中央。"不过,当时人们对太阳黑子的认识还停留在神秘天象对一人一家一国运势的影响上,可以说是一种非常感性的认识,并没有上升到理性层面。

至此之后的1000多年间,关于太阳的观测再没有任何进展,这主要是由于太阳太过明亮,如果没有任何辅助设备,人们很难利用传统的望远镜对太阳进行观测。

不过这并不意味着我们完全没有对太阳进一步认识的机会,大自然留给了我们一个观察太阳的奇妙机会。公元968年的12月22日,拜占庭帝国历史学家利奥·迪亚科努斯(Leo Diaconus)在康斯坦丁堡(现在的土耳其伊斯坦布尔)观测并记录下来了当时的一场日全食景象。在这份记录中,他提到"太阳的盘子"和"盘子边缘有一圈闪耀的窄带"。这段描述成为历史上对日冕最早的比较明确的描述。之前提到过,日冕是太阳延展的炽热外层大气,它本身是发光的,可惜和太阳相比就要暗淡许多，以至于人们经常观测不到，因此只有在日全食太阳被完全遮挡住时才能看到它的光芒。

日全食对早期太阳物理的研究的贡献远不止这一点。公元 1185 年，俄国的《诺夫哥罗德编年史》中第一次记载了日珥："临近夜晚的日全食，天光十分灰暗，隐约可以看到星星……边缘隐约看到喷射出火舌……"这种火舌状物体就是日珥，是发生在太阳色球层上的一种非常强烈的太阳活动。

17 世纪的前 20 年，对太阳的研究终于发生了一次根本性的变化，因为有 4 位天文学家几乎同时将他们新研制的望远镜对准了太阳，由此，他们先后发现了太阳上的"小黑点"。他们 4 位分别是：荷兰天文学家约翰·戈德斯米德（Johann Goldsmid）、英国天文学家托马斯·哈里奥特（Thomas Harriot）、德国天文学家克里斯托弗·沙伊纳（Christoph Scheiner）和伟大的意大利天文学家伽利略（Galileo Galilei）。

哈里奥特是 4 人中最早记录对太阳黑子的观测的，然而他对此并没有进一步的深究。法布里奇乌斯却是第一个发表他的研究结果的。在他的研究中，他正确地描述了黑子相对太阳的绕轴旋转。不过关于这个"小黑点"到底是什么，伽利略和沙伊纳发生了分歧，沙伊纳认为这个小黑点是水星凌日所产生的遮蔽，然而伽利略却敏锐地意识到，这个小黑点的周期和水星凌日并不完全吻合，他由此提出，太阳黑子是太阳表面的一种物理现象。这也是人类历史上第一次对黑子有了准确的认识。然而也正是伽利略对太阳黑子的判断，与宗教所赋予太阳的形象不同，在那个宗教之上的年代，这些认识将伽利略推到了科学和宗教冲突的风口浪尖。

虽然为了保全自己的名誉和地位，伽利略在这场对峙中最终放弃了自己的立场，不过他始终无法放弃科学。结

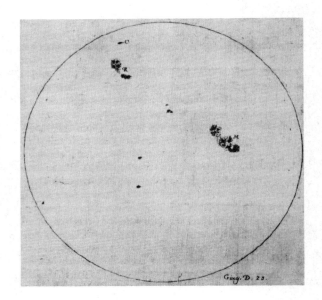

太阳黑子照片

果——就像大家所熟知的那样，罗马教廷以违背教廷、支持哥白尼的"日心说"为由，将伽利略推向了监牢。

　　相反，沙伊纳在受到伽利略的启发之后，将太阳黑子的研究变成了自己一生的事业。在"太阳黑子的本质到底是什么"的问题中犹豫徘徊良久之后，他最终认定了伽利略的说法，即太阳黑子是一种固连在太阳表面的物体，并以此计算得到太阳自转轴相对地球自转轴的倾斜角。

　　17世纪下半叶，物理学界迎来了开辟大科学时代的"物理学之父"——牛顿。1687年，牛顿发表了《自然定律》，对万有引力和行星运动三大定律进行了描述。牛顿提出，稳定的行星运动轨迹其实是物体所受万有引力和其所需的向心力平衡的结果。据此，牛顿在不确定万有引力常数的情况下，计算出了太阳和地球的质量比。

　　18世纪后期，天文学家威廉·赫舍尔（William Herschel）制作出观测能力更强的反射式望远镜，并观测到了一系列云状结构的天体，它们就是"星云"。法国著名天文学家、数学家皮埃尔-西蒙·拉普拉斯（Pierre‐Simon Laplace）根据这一发现提出了"星云假说"。这个假说认为，太阳其实是由一大团缓慢旋转的气态云引力坍缩形成的。原始的灼热星云呈球状，直径比今天太阳系的直径大得多，它在缓慢地自转着。后来，由于冷却而收缩，其自转速度逐渐变快，同时因赤道附近的离心力最大，星云逐渐变扁。一旦赤道边缘的离心力大于星云对它的吸引力，边缘的气体物质便分离出来，形成一个旋转的气环。由于星云继续冷却收缩，上述过程重复发生，又形成另一个旋转的气环，最终形成了与行星数相等的气环（又称拉普拉斯环）。星云的中心部分最后形成太阳，各环在绕太阳旋转的过程中逐渐聚集形成行星。行星也同样发生上述作用，形成卫星。

　　1802年，英国化学家、物理学家威廉·沃拉斯顿（William H. Wollaston）在利用牛顿的三棱镜实验研究各种透明物质的折射率的过程中，发现了太阳光谱中的黑线。然而，他把这些黑线简单地认成了自然光的边界后，就放弃了进一步的探索。不过这一发现为之后的研究打下了基础。十几年后在戴维·布鲁斯特（David Brewster）、古斯塔夫·柯克霍夫（Gustav Kirchhoff）、罗伯特·本森（Robert Wilhelm Bunsen）和安德斯·安格斯托姆（Anders Jonas Ångström）等人的手中，这项研究终于被发扬光大。他们很敏锐地意识到，这些黑线如果仅仅被用来研究玻璃对不同波长光的折射率，那就太可惜了。这些黑线和实验室中对气体加热后所产生的谱线类似，这也就意味着，利用这些黑线，我们可以研究太阳表面大气的性质。对光谱的研究不仅是太阳物理学中革命性的一步，对于整个天文学的研究而言，这也是划时代的创新。

　　1826年，德国天文爱好者塞缪尔·施瓦布（Samuel H. Schwabe）在寻找水内行星的过程中又有了新的发现。水内行星是设想中的轨道在水星以内的行星，可想而知，寻找水内行星最好的方法就是寻找"凌日"的时刻。也就是说，假如水内行星确实存在，那么当它从太阳和地球之间经过时，我们可以观测到太阳上有一个被行星遮挡而产生的小黑点。不过，这就带来了另一个问题，即如何区分太阳黑子和"凌日"的行星。由此，施瓦布开始了一项伟大的工程，他在所有天气允许的日子里，将太阳表面的黑子出现的日期和位置全部都记录了下来。经过17年的数据积累，施瓦布虽然没有发现任何水内恒星的踪迹，却意外获得了另一个伟大的发现，即太阳黑子数量随时间的增长而减少周期，施瓦布初步估计大约为10年。

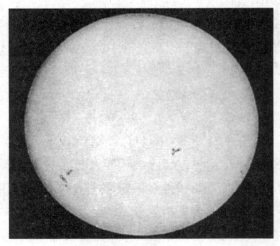

太阳照片

夸父逐日　方成传

　　19 世纪 30 年代，一项改变世界的伟大发明诞生——照相术。法国人路易斯·达盖尔（Louis Daguerre）将薄碘层放置在银底片上，经过短暂的曝光后，再放到水银中浸洗，就可以得到图像，这种方法被称为"银版照相法"。这项技术不仅改变了人们的生活，同时也被快速应用到了天文学领域，加速了天文探索的发展。1845 年 4 月 2 日，法国物理学家路易斯·菲佐（Louis Fizeau）和莱恩·福克特（Léon Foucault）第一次成功地拍摄了太阳，这张相片还清晰地展示了太阳黑子的本影和半影。

　　1859 年 9 月 1 日，天文爱好者理查德·卡林顿（Richard C. Carrington）在观测太阳黑子时，忽然发现在黑子中心区域快速闪现了两块亮斑。这是历史上第一次对太阳耀斑的清晰描述。现代研究认为，这是磁场重联所导致的太阳大气层的一次快速剧烈的加热。

　　发生在 1860 年 7 月 18 日的日全食可以说是到那时为止，进行观测研究人数最多的一次。在观测者所绘制的图像上出现了一些很特别的现象。按照现在人们对太阳物理研究的成果，很容易发现这有可能是历史上第一次有记录的太阳日冕物质抛射。

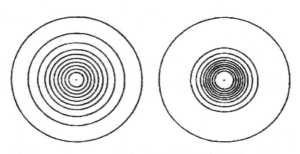

基于流体静力学平衡假设的太阳结构

之后的几年里,柯克霍夫和他的同事找到了强有力的证据,证明太阳大气层是气态的,而且是炽热的气体。然而关于太阳的内部结构,人们仍然一无所知。直到 1870 年,乔纳森·莱恩(Jonathan H. Lane)在太阳内部是均匀混合的气态物质的假设之上,根据流体静力学平衡,首次给出了太阳内部的数学模型。该模型认为,太阳内部的物质间的引力和气压应该保持平衡。由此,莱恩得到了从太阳中心到表面的密度和温度变化。

　　另一方面,关于太阳活动对地球气候影响的研究自 19 世纪起就已经开始,但至今仍是一个没有确切结论的课题。然而基于对这个问题的研究,挪威科学家克里斯蒂安·勃开兰特(Kristian Birkeland)成功地解释了地球极光的成因。勃开兰特通过观测发现,极光其实是太阳带电粒子,被地球磁场弯转至高纬地区而产生的发光现象。20 世纪初,勃开兰特在实验室中制造了人工极光,即将电子束射入球状磁场中,得到了相当不错的结果。依照现代极光研究的结论,勃开兰特大体上是正确的,然而他的研究在整个 20 世纪上半叶一直被忽视,直到 20 世纪下半叶,人们才意识到这项工作的伟大。

　　同样在 20 世纪初,太阳黑子的本质也被乔治·海耳(George E. Hale)发现。他通过研究太阳黑子光谱中磁敏感线系的塞曼分裂,定量证明了"太阳黑子是强磁场的足部"这一大胆的猜想。这是有史以来第一个在地球以外发现的磁场,而且这个磁场的强度远高于地球磁场,约为地球磁场的1000 多倍。

　　从前面的介绍中,我们不难发现,所有关于太阳大气层的重大研究都有赖于日食这一特殊的天象,只有在日全食时,才能遮挡住太阳的光,使太阳外层大气发的光被观测到。不过由于太阳日全食发生的频率极低,而且位置并不固定,所以为了能够抓住良好的观测时机,往往要花费大量的成本前往日全食发生的地区。即便是这样,一旦遇到糟糕的天气,就会使得这次远行完全泡汤。于是,1931 年,法国太阳物理学家伯纳德·莱奥特(Bernard Lyot)设计了日冕仪。日冕仪的原理并不复杂,即在望远镜上安装一块"盘",使之恰好能够遮住太阳圆面,以实现日全食的效果。然而这项技术的实现并不简单,光路的设计和机械的稳定性在当时的条件下是非常大的难题。克服了重重困难,莱奥特最终还是实现了在白天对完整日冕的拍照,并极大地激励了后来人对他的设计进行改进,为大量日冕观测资料的积累提供了可能性。利用日冕的观测资料,莱奥特进一步发现日冕的发射线远比预计的要宽。利用热力学效应推算这种加宽现象,莱奥特大胆推测日冕温度约在 60 万开尔文。

由于地球上层大气中的氧原子和电离氧的强吸收,我们在地面很难观测到波长小于 3000Å 的光谱。于是,在 1946 年 10 月 10 日,理查德·图西(Richard Tousey)所领导的海军实验室利用火箭将光谱观测装置送入了太空,观测到了波长到达 2100Å 之前的光谱,这也是人类历史上第一次在太空进行的天文观测。

1950 年以后,空间卫星探测逐渐占据主导地位,Yohkoh、Ulysses、SOHO、RHESSI、TRACE、Hinode、Stereo、SDO 等太阳探测卫星,无论是在探测技术还是在探测范围等方面,都得到了空前的提高,开始了多波段、全时域、高分辨率和高精度探测的时代。太阳物理的研究进入了全新的阶段。这个阶段太阳物理的研究状况基本可以分为以下几个层面。

太阳结构

（1）太阳核心结构和中微子问题

由于太阳中微子探测的结果比理论预言的中微子值少1/3，使得标准太阳模型与中微子探测的亏损发生矛盾。1998年，日本的超级神冈探测器首次发现了中微子振荡的确切证据，表明 μ 子中微子转换成了 τ 子中微子。2001年，加拿大的萨德伯里中微子天文台探测到了太阳发出的全部三种中微子，其中35%是电子中微子。三种中微子的总流量与标准太阳模型的预言符合得很好，解决了先前观测到的太阳中微子缺失问题。胡姆斯塔克（Homestake）实验的领导者雷蒙德·戴维斯（Raymond Davis）和日本神冈探测器的领导者小柴昌俊由此获得了2002年的诺贝尔物理学奖。

（2）对流层和振荡

现已发现数以千计的太阳声频振荡模式，对振荡频率的测量是该项研究的核心。通过对声频振荡的研究，以期在太阳的不透明度效应、状态方程和元素扩散等方面取得更大的进展。同时高质量的观测资料，推动了反演技术的发展，用以探测太阳内部结构。

对p模转动分裂频率的精确测量导致太阳内部转动研究的重大进展。在对流层内，发现角速度几乎与深度无关，而纬度变化与表面相同，在振荡的磁场效应研究中发现有环向磁场。

（3）光球层、对流和磁场

除了上面提到的声频振荡可以用来对太阳内部进行研究，使用计算机进行模拟，然后对照可观测到部分的现象是否一致，已经成为更加可行的研究方案。科学家通过模拟在不同磁场强度下太阳黑子的米粒状结构的性质来推测太阳磁场性质。目前的观测和计算证明,光球层中的一个重大结构是磁结构,已发现黑子强磁场外存在增强网络、网络边界、内网络场、瞬变区等不同尺度的磁结构。

（4）色球和日冕结构及加热问题

太阳温度从光球层的几千摄氏度上升到日冕高温区的数百万摄氏度,这一现象一直是具有重要影响且长期困扰人们的问题。现在看来,这一现象不大可能是由单一因素引起,而可能有多种因素。由于观测积累不多、理论研究不足,目前仍无法确定主要原因。从能量输入机制看,分为波动机制和电动力学机制。在晚型星中,波能由对流层的快速湍流运动、小尺度不稳定性或者与其他波的耦合模式激发。电动力学机制包括电流耗散、微耀斑或者毫耀斑、磁流浮现,以及磁对消等,通过缓慢的光球足点运动或磁浮力,将能量转入磁场。

太阳活动

（1）太阳耀斑物理

当前耀斑物理已成为涉及众多方面的独特领域。早在20世纪60年代至70年代,科学家们几乎全波段地观测了耀斑及其后的动力学过程,发现了耀斑环结构及大量的高能过程。进入80年代,转入高空间和高时间分辨率探测。空间探测的重点是能揭示日冕过程的 X 射线观测,空间分辨率达到 1～2 角秒,时间分辨率达到毫秒。与其对应的射电毫秒探测获得不少新结果,主要解决了耀斑过程与 X 射线结构位置与变化(时间)关系。但是,一个统一的可以准确预报耀斑发生位置、高度、大小及其后随效应的理论体系尚未建立,主要原因是现有能准确进行磁场和速度场观测的是光球,而在耀斑发生的日冕和上色球层中,仍缺乏高分辨的磁场和速度场及演化的观测和理论。

（2）日珥物理

近几年来,日珥物理的发展特别引人注目。一般把日珥分为稳定、爆发和与耀斑有关的三大类。关于日珥在极高温和低密度日冕中存在的支撑问题,虽然有众多磁流模型,但仍然没有定论。与爆发有关的日珥及其大量发生的日冕物质抛射和引起的地球物理效应很引人注目,与耀斑有关的日饵中的环状特征及种种磁力线重联的设想也都很吸引研究者的注意力。

（3）日冕物质抛射

日冕物质抛射时,能够释放出高达 10^{32} 尔格的能量,它的发生会引起日冕结构的重大变化和太阳风大扰动。20 世纪 80 年代初,普遍认为日冕物质抛射是耀斑的附属现象和后随余波。80 年代中的联测证实,日冕物质抛射有时发生在耀斑之前,并且核心区远离耀斑区,这与上层大尺度日冕磁场结构演化有关,而不是下面层次变化的直接结果。

（4）黑子物理

黑子演化和黑子结构的研究重点在磁场和流场方面。关于黑子本影磁结构、半影亮纤维与暗纤维磁场及其演化特征、超半影结构等的观测不断有新的发现。

（5）冕洞物理

冕洞的产生、发展及持续性和磁结构的研究正取得较大进展,它与地球物理及太阳大尺度结构的关系正吸引着人们的注意力。

（6）空间天气预报

与太阳耀斑、日珥爆发、冕洞、日冕物质抛射、与太阳风有关的行星际过程、能量传播及地球物理效应和太阳活动预报研究等,已引起日地物理学家的极大关注。预报具有重要的应用价值,目前预报方法多为形态预报结合数值预报。

(7) 太阳活动周期

太阳活动 n 年周期性、经度漂移、黑子磁极规律性的研究日趋活跃。在大尺度磁场和流场中,纬度带局部区域较差自转引起的"扭曲振荡"现象,比该纬度处的平均较差自转的扭曲振荡快或慢。

在太阳活动领域中,与磁场和速度场密切联系的太阳磁流体动力学过程和等离子体动力学过程起主导作用;而大尺度磁场、速度场,与日冕上空有关的高分辨 X 射线观测和研究有决定性作用。

了解了现阶段太阳研究的相关情况,那么,从目前来看,未来太阳物理学的发展又体现在哪里呢? 这主要体现在三个方面。

第一,在太阳物理理论研究方面,无论是太阳活动的起源研究,还是各种时间尺度的太阳活动周的起源探索,似乎都与各种空间尺度的等离子体湍流与磁场的相互作用有密切的联系。太阳作为天体等离子体的天然实验室,对太阳物理的探索必将推动天体物理学其他领域和等离子体物理等学科的发展。

第二,在太阳物理探测方面,探索新的太阳观测方法和手段,扩展望远镜的观测能力始终是太阳物理的前沿课题,所有观测方法的革新和观测工具的改进都会极大地推动太阳物理学的发展。太阳物理探测技术随时从同时代的光学、机械、电子学、无线电等技术中汲取营养,不断发展和创新。

第三,因为太阳活动直接作用于地球空间环境,与人类生存及国民经济发展和国家安全等许多领域密切关联。因此，太阳物理的研究将越来越受到从政府到民间的高度重视，具有很好的发展前景。

至于中国的天文学研究进展，已逐渐形成了具有一定规模的研究队伍。除了 1982 年投入使用的南京大学太阳塔，同一时期还有 1986 年投入使用的太阳磁场望远镜等。太阳磁场望远镜是具有当时世界上最先进的三台磁像仪之一，可以用来对太阳矢量磁场和视向速度场成像，这项成果在 1988 年被评为国家科技进步一等奖。

建立在优质的设备之上，中国太阳物理在 20 世纪 90 年代开花结果，在太阳活动区物理、矢量磁场演化、太阳大气辐射转移理论方面与欧美并肩。在众多天文子学科之中，我国太阳物理方面的论文占国际总数量的 9.1%，雄踞所有子学科之首。同时，我国研制的双折射滤光器性能优良，很多国家都从中国进口。

然而在空间天文这个时代，中国的发展还是慢了一步。日本 2006 年发射的 Hinode(Solar－B)日出卫星，空间分辨率高达 0.3 角秒。美国 2010 年发射的 SDO 太阳动力学天文台，具有超强的稳定性和连续性，可同时对色球、过渡区和日冕进行多波段协同观测，为太阳物理研究提供了充足的资料。而中国同时期提出的几项计划均被暂时停止或者取消。

中国的广大太阳物理工作者将希望寄托在"一天一地"两个项目之一："一天"即指深空太阳天文台 DSO，对太阳风暴动态成像、太阳活动起源进行研究；"一地"即指中国大太阳天文台，包括中国巨型太阳望远镜 CGST 和日冕仪。CGST 具有 8 米分辨率和 5 米聚光能力，如果顺利建成，在相当长一段时间内，核心指标和科学目标将不会有能匹敌的对手。

第五章 太阳塔

□ 1 . 启程

从1953年开始,我国开始实行第一个五年计划,至1957年,这个历史上的创举完成,工农业生产产值都有大幅度的提高。在这种胜利果实的刺激下,人人心中都憋着一股劲儿,争先恐后地想要贡献出自己的力量,将国家建设得更好。于是,1958年《人民日报》发表了"鼓足干劲,力争上游"的社论,提出国民经济要全面大跃进。当年6月初,原国家计委在《第二个五年计划要点》中提出"五年超过英国,十年赶上美国"。"赶英超美"的雄心壮志刺激了很多领域,许多地方甚至出现了虚报成果的恶劣现象。这让以务实为基础的科研工作者对这个口号心存疑虑,但是祖国的发展仍然给予了他们信心,很多人受到鼓舞,决心做出新的成果来。

经济要赶超英美,科技自然也不能落后。在这个环境下,南京大学天文学系提出,我们也要搞太阳塔!时任系主任的戴文赛先生对这个课题非常支持。戴文赛先生早年在英国留学,回国后长期从事天体物理的研究工作,在恒星光谱、恒星天文、星系结构和太阳系的起源和演化研究方面都取得了卓越的成就。面对祖国贫瘠的天文事业，戴文赛先生清楚地知道太阳塔对于我国太阳研究事业的重要性，对太阳的研究是未来天文学的一个重要发展方向，我国已经输在了起跑线上，不能再继续落后下去！

既然太阳塔如此重要，那它究竟是什么东西呢？所谓的太阳塔，又叫作塔式太阳望远镜，其实是一种塔式建筑物，通常高20米以上。这种高度是为了避免受到地面被太阳加热产生的热辐射造成的大气扰动。塔的顶部一般安置定天镜，将入射的太阳光线垂直向下反射，进入成像光学系统和附属仪器。这种结构是美国天文学家乔治·海耳在1904年提出的。他在地面20～30米高度处用小望远镜目视观测，发现太阳像的清晰度比近地面观测有明显提高，表明近地面的上升热气流对成像质量有严重影响。如果将定天镜置于20米以上高度处，并用空心圆塔将向下反射的光路同近地面上升热气流隔开，塔内的空气层次大致是水平的，就能够消除上述影响。基于这个原因，美国威尔逊山天文台在1908年首先建造了太阳塔，取得了良好的观测结果，这是世界上最早建成的太阳塔。此后，许多国家相继建造了太阳塔。

太阳塔通常建为双层结构，内塔顶部支撑定天镜，中间安置太阳望远镜成像光学元件，在塔底或地下竖井内设置大型太阳摄谱仪及其他附属仪器，以便对太阳进行多方面观测。外塔顶部支承圆顶和观测室地板，从而减小仪器的振动。

放在现在，这些知识对于一个做太阳物理研究的人来说应当是常识了，但是对那个科技水平落后的时代来说，当时的工业生产不仅产能不足、效率过低，更严峻的是制造工艺非常落后。日常生活用品的工业化生产尚且达不到要求，又怎么能要求精密仪器的制造呢？毛泽东对这种现状非常忧虑："我们一辆汽车、一架飞机、一辆坦克、一辆拖拉机都不能造。"以1952年为例，那年我国工业水平还不到英国1800年、法国1890年的水平。人均发展水平只相当于英国18世纪后期。21世纪成就的"中国制造"的威名，在那个年代，只能存在于口头上和想象中。

不难想象，在那样的环境下，很多人连太阳塔是什么、长什么样子都不知道，当然更不相信这项工程可以完成。国内天文学的观测设备基本一片空白，没有任何可以参考的对象，解放初期也不具备人员出国交流的条件，整个天文系甚至没有一个人见过太阳塔。面对这样的困境，方成却充满信心，他相信，外国人能造出来的，中国人一定也能造出来。

信心虽然有，可是实际操作起来可不是那么简单的。所幸我们也并非孤立无援，1957年，教育部拟聘请苏联莫斯科大学太阳物理专家西特尼克教授来南京大学天文系工作，章振大先生为其业务翻译。西特尼克教授在莫斯科大学从事的正是太阳物理方面的研究。1958年，南京大学开始筹建我国第一座太阳塔。西特尼克教授的到来，为太阳塔的早期设计建造奠定了基础。这位苏联专家为"万事开头难"的太阳塔项目贡献出了弥足珍贵、从无到有的第一步。特别是他带来的相关设计经验，对所有项目的参与人员来说都是打开了一扇大门。没有正规的工程图纸，西特尼克就画了一些简单的图纸，对"太阳塔到底是什么"进行了解释，并对实施步骤进行了规划。

有了这些初步的资料，太阳塔项目终于可以启动了！全体师生喜出望外，天文系也在这种积极的气氛中组织了大量师生参与这项工程，并配合苏联专家全力推进，大家都发誓要把中国第一个太阳塔观测设备建设成功。工程前期的负责教师是章振大先生和曲钦岳先生（后任南京大学校长，并被评为院士），从事天体测量研究的张承志先生参与项目并担任项目组学生的指导老师。此时，尚未毕业的方成也怀抱着无比的热情投入到了这项浩大的工程中，和胡宁生、李挺等很多同学参与到项目的讨论中。可以说，在学术生涯的早期就得以参与这样难得的科学项目，对方成的成长起了极大的促进作用，前辈们细致入微、认真负责的学术态度和为祖国天文事业奉献的热情深深感染了他。继参观紫金山天文台之后，方成又一次感到，自己肩负的重担是多么重要。绿叶阴浓的南京大学天文楼下，留下了他怀抱着一沓又一沓的稿纸匆匆出入的身影，不管天气是炎热还是寒冷，他都毫不懈怠。那时的方成只有一个想法，就是无论付出多少努力，也要将这座大家寄予厚望的太阳塔建成。这个理想，使他坚持了一年又一年，即使在几年后这个项目废弃时，他也没有放弃。

在学生和老师的努力下，在苏联专家的帮助下，关于太阳塔的初步设计基本确立，大致分为两个部分：机械设计和光学设计。机械部分由胡宁生和李挺两人联合设计，光学部分则由曲钦岳独自设计。可惜不仅学生们没什么经验，就是身为老师的曲钦岳和张承志也并不完全清楚应该怎么设计。不过，做科学研究就是要有些不知天高地厚的闯劲，年轻就是大胆！画图、计算，错了没关系，再修改、再计算。大家不知废弃了多少稿纸，也不知写秃了多少笔头！当时条件十分艰苦，一切都是靠原始的人力进行，在科研计算上，大型的电子计算机还没有引入使用，所有人都是用手摇计算机来进行计算。这种计算机比较原始，用起来十分麻烦，一般只能做四则运算、平方数、立方数、开平方、开立方，如果需要输入三角函数和对数，都需要查表。如果计算中有括号，那就更麻烦了。使用中正摇几圈，反摇几圈，还要用纸笔记录。相较于现在使用的简易计算器，这种东西操作起来简直烦琐至极。但即使这样简陋的工具、这样艰苦的条件也并没有影响师生们的热情。在无数次的计算修改后，在挥洒了数不尽的汗水后，初步的设计成果终于显出了雏形。所有参与项目的师生欢呼雀跃，在他们的心目中，这座太阳塔已经诞生了！在不久的将来，我国的太阳物理研究事业将迎来一个崭新的突破！

1958 年，师生讨论太阳塔的筹建工作

□ 2．不得已之落

然而，在看似一切顺利的背后，一个危机正在悄悄接近。1956 年 2 月，在苏联共产党第二十次代表大会上，苏联领导人赫鲁晓夫做了题为《关于个人崇拜及其后果》的报告，报告批评了上一任领导人斯大林的错误。中共中央在获悉报告内容之后，迅速组织了多次政治局常委会，对此事进行讨论。中央一方面对报告在解放思想方面带来的正面意义表示认可；另一方面对全盘否认斯大林，只讲错误、无视功绩的做法表示反对。中共中央先后撰写发表了《论无产阶级专政的历史经验》和《再论无产阶级专政的历史经验》两篇文章，第一次委婉地，但是公开地表达了不同于苏联共产党的意见。

当然，在苏联方面看来，这无异于是中共对自己权威的挑衅。于是，在 1958 年，苏共对中共进行了一系列试探。1958 年 4 月 18 日，苏联国防部部长马利诺夫斯基向中国国防部部长彭德怀提议，在中国华南地区建设大功率长波电台和远程收信中心。中央军委经慎重研究后报中共中央批准，于 6 月 12 日以国防部部长彭德怀的名义复函苏联国防部，婉言谢绝了中苏合建超长波电台的提议，表示中国愿意自建，请苏联给予技术上的帮助。7 月 21 日，苏联驻中国大使又提出了建立联合电台的要求，再次遭到了中国的拒绝，这两项工程事关国家安全，我国政府当然不能同意。

但这些象征着尊严和主权的拒绝让赫鲁晓夫非常不满，他决定给中国政府一些颜色看看。1959 年 6 月 20 日，苏联单方面撕毁了国防技术新协定，拒绝提供原子弹样品和生产技术资料。

1959 年，在赫鲁晓夫提出停止提供技术资料后，苏联进而将专家也全部撤回。

1960 年 6 月 16 日，苏联驻华大使契尔年科向章汉夫副部长递交有关苏联撤走全部在华专家的照会。照会列举了三条主要原因：包括"企图向专家灌输同苏共立场相背离的观点"、"粗暴地否定苏联专家的意见"以及"对苏联专家实行监视"。到南京大学天文系进行指导的西特尼克,也在这次照会之后返回苏联。

对于南京大学天文系来说,以西特尼克为代表的苏联专家的离开,无异于对原本基础薄弱的天文学事业雪上加霜,一些前沿的技术和信息也被苏联专家统统带走了,这使当时处于封闭状态的我国学者无法了解到前沿技术的知识,也就不能进一步地跟上国际学术思路,这对太阳塔的建设真是有害无益。至此,太阳塔项目在众人惋惜的目光中渐渐搁浅。

客观而言,苏联专家对我国的科技和机械工程事业帮助良多。斯大林时期,苏联援助中国的项目数量为 156 个,赫鲁晓夫时期又增加至 304 项。到 1960 年,这些项目已完成157 项,剩下的要在 1960 年以后完成。从事经济建设的 1000多名苏联专家中,80% 以上的人在核心的国防工业领域工作。可以看出,我国当时的科学技术建设对苏联的援助是多么倚重,这同样也可以表明,苏联撤掉这些援助对我国的影响是多么重大。

然而,苏联给中国的援助并非是无偿的。所谓"援助",实际上需要中国向他们出口物品来偿还。折合卢布的费用,这 304 项援助项目一共价值 152 亿卢布。到 1960 年,中国已经还了 72 亿卢布。苏联撕毁这些合同,就意味着他们要赖账,我们要还账,同时还没有完成的项目也要全部作废了。

在北戴河的中央工作会议上,周恩来算了笔账:余下的账如果每年还 5 亿卢布,要 16 年还清;如果每年还 8 亿卢布,那么要 10 年才能还清。经过讨论,中央号召各部门、各省勒紧腰带,要争这口气,争取 5 年还清欠苏联的债。

面对如此困境,毛泽东讲了这样一段让人印象深刻的话：“1917 年到 1945 年，苏联是自力更生，一个国家建设社会主义。这是列宁主义的道路，我们也要走这个道路。”

福无双至，祸不单行。1959—1961 年，我国经历了“三年经济困难”时期，这三年国内普遍出现粮食短缺和饥荒。目前国际国内分析“三年经济困难”的成因主要有两个方面：首先，自 1958 年开始，我国开始出现旱情，到 1959 年旱情进一步演化为特大旱灾。1959 年夏秋至 1960 年夏以黄河流域、西南、华南为主要受灾区域，1961 年春夏秋灾情转移至华北平原、长江中下游，1962 年灾情开始减弱，不过在华北黄河流域、东北地区仍然存在较大干旱。其次，在“大跃进”运动的氛围下，各级干部为了不犯错误，严重夸大、虚报粮食产量，导致国家对粮食产量过分乐观，连续出台以牺牲农业为代价发展工业的政策。当时我国还欠着苏联巨额的债务，这些加在一起，使我国的状况更不乐观，国民经济发生严重困难，国家和人民遭到重大损失。在饭都吃不上的时候，谁还有心情去做科学研究呢？

“三年经济困难”时期同样影响到正在上学的方成，粮食是定量的，没有肉没有菜，吃饭根本吃不饱。实在饿得不行了，就只能在饭里面加酱油、加咸菜。恩格斯在《在马克思墓前的讲话》中讲道：“人们首先必须吃、喝、住、穿，然后才能从事政治、科学、艺术、宗教等等。”在这样困难的情况下，自然也不可能再继续太阳塔的设计工作了。

在当时的状况看来，太阳塔项目陷入了极大的困境，甚至可以说已经成为废弃项目。但对于太阳探索的渴望始终萦绕在方成心头，他的心中一直坚定着一个信念：太阳塔一定能够建成！这个信念深深埋藏在他的心底，这使他在别人都决定放弃这个项目时，再一次站出来继续他的逐日之梦。

□ 3．再次出征

　　直到 1963 年，随着"三年困难时期"退出历史舞台，大家才终于又想起来太阳塔。可是这时的太阳塔项目俨然连半成品都算不上，很多当年参与这个项目的人都因为各种原因放弃了。方成的很多好朋友也劝方成不要再做这个项目了，不考虑别的，单就是经费不足就足以让这个项目毫无翻身之望。他们对方成说："这个项目要钱没钱，要人没人，你还怎么继续下去？"甚至有人很悲观地认为，这个项目不可能实现了。

　　但是，面对各方的怀疑，方成只是反问："没有天文设备怎么搞天文呢？我们一定要有自己的望远镜！"他下定决心，不管多难都要坚持下去，当时的方成，不过是南京大学的普通一员，但是他依然坚持和几个仍有建设太阳塔意愿的同事一起，向学校不断提出申请，支持建设我们自己的太阳塔。在方成等人整整一年的不懈坚持下，南京大学天文系终于做出决定，将太阳塔的建设重新提上日程，并组织了一个研究小组，由方成任该小组的组长。

　　这可以算得上是太阳塔生命历程中的第二次崛起。可是，这一次崛起究竟能坚持多久呢？所有人心中都有着隐隐的疑问。要知道，我们国家当时的政治经济形势都不是很好，在这种背景和压力下坚持科学研究，不仅需要大量资金支持，更需要坚强的意志和顽强的心态。方成鼓励太阳塔小组的组员们："不管其他人怎么想，我们就做我们的。"难道苏联人不在，我们就做不出自己的太阳塔了吗？他不断激励大家,希望能在这一次凭借自己的力量将太阳塔建设起来。

这一次,没有了苏联方面提供的技术,什么问题都得靠自己来解决。要建造太阳塔,首先得将它的雏形设计出来,因为有之前西特尼克帮助的一些基础,方成和组员们的思路也变得清晰很多。但西特尼克的帮助也是有限的,他们仍旧要摸着石头过河。

很快问题就来了,为了解决机械的制造设计问题,南京大学天文系请到了浙江大学的精密光学机械系参与这项工程。浙江大学方面由张俊生(后来曾任新华社驻港办事处主任、浙江大学党委书记)牵头,一共来了 3 位老师、20 多位应届毕业班的学生,这项工程将作为他们毕业设计的课题。

可以想象,在将近两个学期的时间里,这些学生和老师是如何殚精竭虑地研究与设计,来完成这珍贵的初期图纸的。尽管在后来的实际工程中,研究人员发现这些图纸普遍不够标准、严谨,但在当时人才稀缺、资源稀缺的状况下,学生们谁也没见过太阳塔实物,也没有足够的文献资料可参考,只能靠想象进行设计。对于工程误差等数据,这些学生们也不太懂。最终能够达到这样的成果,已经是他们付出极大的努力取得的,怎么能对这些怀抱着一腔热情的学生和老师们做过多的苛责呢?

尽管有这样和那样的不足,在拿到这些设计图纸之后,方成和他的组员们还是非常高兴的,因为这是他们第一次完整地绘制了全部的机械结构图纸。有错没有关系,大家可以继续改进,初生牛犊就是要不怕虎,敢于犯错才能进步,方成和组员们拿着图纸,细细揣摩里面的问题和细节,在他们的脑海中,一座塔形的太阳望远镜正一点一点地矗立起来……

可是,人生并不总是一帆风顺的,眼看太阳塔即将成型之时，更大的打击和混乱到来了，这一次，太阳塔项目究竟还能不能挺过去呢？

□ 4．又遭波折

在方成和他的组员们为了建设太阳塔而忙碌的时候，国际天文学科却在急速前进。20世纪60年代正是天文科学取得飞跃发展的时期，由于观测手段的进步，国外天文学家获得了一系列新发现，其中类星体、脉冲星、微波背景辐射和星际有机分子被称为20世纪60年代天文学的四大发现。

然而面对这样的飞跃，我国却陷入了一团迷雾，科学技术在这样的迷雾面前也遭到了阻碍。1960年，我国开始了整风整社运动，河北省保定地委为解决年终分配问题，创造了"四清"方法。所谓"四清"，就是按照勤俭办社和民主办社方针，进行清账目、清仓库、清工分、清财物。保定"四清"的经验得到了河北省委、中央和毛泽东的高度重视。1963年5月20日，中央将保定地委关于"四清"的报告下发。此后，中国各地陆续开展农村"四清"运动的试点。"四清"运动经过一年多的发展，演变成全国范围的阶级斗争运动，斗争内容包括地富反坏分子活动猖狂；基层干部贪污腐化、多吃多占；党内高层出现修正主义。"四清"也扩大化变为清思想、清政治、清组织、清经济。于是，在1964年后，"四清"运动冲击了学校的科研教学，老师、学生全都下放到农村。

与此同时，为了保护国家重点工业、科技项目免受打击，中央提出了"备战备荒为人民""好人好马上三线"的口号。1964年发起的"三线建设"，是将位于东南沿海、华北和东北的工业基地、科研单位搬迁至位于中西部的 13 个三线地区的战备建设项目。这 13 个三线地区包括四川（当时含重庆）、贵州、云南、陕西、甘肃、宁夏、青海 7 个省区及山西、河北、河南、湖南、湖北、广西等省区的腹地部分。清华、北大等一批国内一流大学纷纷在三线地区建设分校。南京大学也不例外，它要在湖南常德建设湖南分校，方成也被抽调去进行建设。

在这样的形势下，太阳塔的研究小组再一次全面解散。

时间来到了 1966 年，南京大学湖南分校的基建尚未完成，方成还在分校进行基建采购的时候，南京大学已经贴开了大字报。"文化大革命"运动风潮起得又急又猛，很快，时任南京大学校长的匡亚明被批斗。在这种混乱的局面下，分校建设自然是进行不下去了。人员全部撤回，建设了一半的分校则交给当地政府。

当方成返回学校的时候，面临的就是这么一个局面：太阳塔小组早已"风吹云散"，学校已经全面停课。1966 年 9 月 5 日，在中央"文革领导小组"《关于组织外地革命师生代表来北京参观革命运动的通知》的支持下，全国各地的学生到北京交流革命经验，北京学生则到各地去进行革命串联，进而又发展成全国性的大串联，学生纷纷前往革命老区进行串联。一时之间，全国的公路铁路甚至是乡野小路上，处处可见红卫兵的串联队伍和迎风招展的红旗，大江南北、祖国山河全成了红色的海洋。

刚刚毕业的青年教师方成和七八个年轻人一起，也响应号召进行串联。在当时，流行的串联地区大多数是革命老区，如江西、湖南、陕西等地，于是方成和同伴们决定，先前往南昌，再从南昌出发前往井冈山。可惜井冈山因为人太多，暴发传染病,方成他们只好从南昌返回。年轻的方成满腔热情,和当时许多人一样,他们坚持一路徒步行走,一边走一边宣传"破四旧"、批判"走资派"。1967年,由于串联对全国交通及各地影响巨大,带来超负荷的负面影响,2月18日,中央文革领导小组下发通知,停止串联,要求所有人返校复课。两年后,在林彪"下乡备战"的号召下,南大全部的老师和学生又前往溧阳农村劳动。溧阳是距离南京不算很远的一个地方,是著名的"鱼米之乡",南京大学的师生们就被安排在溧阳农场劳动。其中,天文系的分工是烧窑造砖头,方成则担任全系食堂的司务长。每天一大早,他就早早起床,然后推出一辆板车出去买菜,回来后又忙着安排伙食,每天都十分忙碌。这段时光,对于年轻的方成来说是激情燃烧的一段时光,也可以说多少是有些幸运的时光,他没有面对更艰难的挣扎、遭受更残酷的折磨。在当时的情况下,方成每天的精力都用来进行体力劳动,怎么会有"闲情逸致"去思考远在天边的天文研究呢? 每当方成回忆起这段时光,他总是说,"我没受什么罪,生活也不是很苦,就是累一点,也不算什么,最可惜的是太阳塔研究就这么被放下了,这几年的时间可以说是浪费了"。他长长地叹息着,"要不是这样,也许我们可以早一些研制出太阳塔,对太阳物理研究能有更深入的了解"。

这种停滞的状态持续了好几年,一直到1973年"正式复课",才终于结束,方成得以重新回到自己心爱的太阳物理研究岗位上,继续进行太阳塔的建设。在大部分人都忘记了太阳塔的时候,他仍旧坚持继续。每一次的挫折都使方成建成太阳塔的信心和决心越来越强。有人问他:"你是怎么坚持下去的?"方成却说:"我没想那么多,就是觉得要继续做下去。"方成始终坚持天文事业注重实际观测,连实际观测的设备都不具备,那怎么行呢? 也许就是这样无所顾忌的思维方式,让方成能够坚持自己的本心,不忘初心,方得始终。

□5. 终于腾飞

"复课闹革命"开始于 1967 年 10 月 14 日,在停课一年之后,中共中央、国务院、中央军委、中央"文革领导小组"联合发出《关于大、中、小学校复课闹革命的通知》,号召学生们一边上课一边闹革命。但是实际上,直到 1971 年,高中才正式复课,而高考则到 1977 年才恢复。

南京大学的科研教学秩序也是到了 1973 年后才恢复正常。在筹建太阳塔的前期工程中,很多人加入一段时间后,觉得太苦太累,最终没有坚持下去,选择了退出;而在之前的动荡岁月中,天文系又损失了很多优秀的人才,人才的流失对太阳塔的建设造成了极大的阻碍。但是大家并没有气馁,还是有许多人愿意坚持下去并投身这一事业。随后不久,天文系就重新组建了太阳塔研制小组,并任命方成为小组组长,组员包括黄佑然、陈载璋、倪祥斌、寿大桢,之后陆陆续续地又有胡菊、尹素英、薛吟章、季国平、崔连竖和宋岵庭等一批年轻教师参加。

这次建设,建立在前两次基础之上,有之前的成果和教训,组员们比之前多了许多经验。面对停滞了如此之久的科学研究事业,他们迫不及待地想要发挥自己的专长和热量。科学的春天尽管还没有真正到来,但黎明的曙光已经在地平线处隐约可见了。

他们集思广益、各抒己见,把即将开展的工作分为四大项:

一是对国外太阳塔进行全面的调查，以便广泛吸取别人的长处；二是为太阳塔建设选择合适的塔址；三是在调研的基础之上，以浙江大学精密光学机械系的原设计为蓝本，重新进行设计；四是寻找合适的工厂对太阳塔的各个部件进行生产加工。

对同类型工作的最新进展进行调研，是所有科学研究早期工作中非常重要的一个环节。这个环节的意义在于，首先，了解自己的想法和创意是否已经有前人进行过操作验证。其次，如果确实已经有人实验（计算）过，还要看看他的方法。用不同的方法实验（计算）同一个问题，以此验证结论的正确性，也是科学研究中非常有意义的一项工作。如果同类型的工作已经比较完善，也可以借鉴他人的经验，取长补短。

当时国内科学研究普遍落后于欧美，天文系的太阳塔小组所面对的情况也不例外。太阳塔这个概念并非是世界首例，但是针对太阳塔的设计，世界各地科研院所的设计却是各有特色。对它调研的主要目的是将之前天文系自己的设计和国际上已经成功投入使用的设计进行比对。更重要的是，在调研的基础之上，快速学习、理解太阳塔设计的主要原则和关键环节，弥补我们在太阳塔设计方面长期缺失的科学认知和工程常识。

虽然在当时的条件下，对太阳塔的设计组织出国考察交流仍然不现实，但是相比于20世纪60年代完全没有可以参考的资料而言，太阳塔小组的环境却有了很大的改善。南京大学天文系引进了一些外文资料，这对当时的调研和对太阳塔的理解有很大的帮助。

第二步则是非常重要的一步，那就是为太阳塔选址。虽然选址的基本科学原理并不是很复杂，但是由于其中牵扯了大量的测量和实地考察，工作量一点不比其他几项小。选址的测量工作主要由黄佑然老师负责，尹素英、刘炎将其作为本科毕业论文参与其中。

由于一次完整的测量，涉及绘制地形、太阳光强、大气透明度等的测量，所以一次"全套"的测量下来，耗时极长。为此，选址小组将选址分为粗选和精选。

粗选，首先是考察这个地方是否"干净"，可是该如何快速便捷地确定一个地方是否干净呢？干净的标准又是什么呢？这个其实很难界定。但是选址小组想到了一个有趣的办法，那就是看那个地方的树叶。如果这个地方很干净的话，那它道路两旁树叶自然也就鲜亮，没有积灰，反之，道路两旁的草木一定是第一个"受害者"。于是小组的成员每到一个新的选址地点，就会先跑去摸摸那里的树叶，久而久之，大家形成一个特殊的"怪癖"：走到哪里，都会先观察那里的树叶，要是不看树叶，饭也吃不好，觉也睡不好。

另一个粗选的关键词是"日晕"，日晕是一种大气光学现象，与日光通过云层中受到的折射与反射有关。太阳塔选址小队的成员们在观测某个地点是否适合建造太阳塔时，十分注意该地早晨、晚上时候的太阳附近的日晕。日晕如果厉害的话，那个地方也不行，这说明该地的空气质量与要求不符，在太阳观测上最终的成像有可能出现问题。

第三个要注意的就是"距离"。在选址时，组员们经常会遇到这样的情况，选好了一个地址，各方面要求都比较符合，但是所处地点实在太过偏僻，虽然比较偏僻的地方通常空气优良；但是太偏僻的话工作人员的来往交通不方便，管理起来有难度，工作起来也会造成困难。

粗选结束后，就是精选。精选，首先是要测量辐射的强度，来比较太阳光的强度和大气的透明度。为了能高精度定量地测量辐射强度，太阳塔小组还自主开发了一款滤光镜。其次是绘制地形图，那时天文系开了一门基础课程叫作"天地测量"，专门教大家使用一些常见的测绘工具，其中包括经纬仪。选址小组在天体测量专业萧耐园老师指导下，利用这些工具去测地底、标高，画出了地形图。当然，最后还要查一些气象资料，看看这个地点往年风向在哪里、雨量怎么样，等等。

除了科学因素，选址还牵扯到方方面面的关系，需要向政府进行申请，和当地单位或者农户进行协商。当时，很多农户并不愿意让出土地，需要很大的耐心和精力来说服他们。作为小组的领导人，其中许许多多复杂的事情都是由方成牵头处理的，以前曾经担任过校园职务和参与社团活动的经历使方成擅长处理人际关系，与政府机关和农户们打交道的重任自然也落在了他的头上。他总是认为，做学问并不意味着一味闷头苦读，反而应该经常锻炼锻炼自己的社会能力，这样也能更好地为学术服务。这点在他以后的经历中被证明是非常正确的，方成也经常以此来要求自己的学生不要去做书呆子，要多跑、多练、多干。

在选择地址的过程中，首先被看中的，是位于中山陵脚下的南京农业大学，之后他们又陆续考察了马群和中山陵园区中的一部分地方。最终，塔址选在了中山陵园区里一片国民党要员荒废的别墅区。国民党中央政府离开南京之后，别墅区基本上都已被拆掉，只剩下一些断壁残垣，当地的农户们在此种上了果树。这里距离市里不算太远，空气质量基本符合要求。

据选址小组的参与人员回忆，当时还没有汽车的他们，每天就是冒着日晒雨淋，骑着自行车到处跑，为了选择一个合适的地点，跑遍了南京周围几乎所有的地方，由于选址地点大多没有人烟，他们搞仪器调整和试观察的时候，每个人都是带着方便面、面条这些较为方便的食品，以至于很多从来不吃面条的南方老师也因此改了口味。

基本的选址结束之后，还有一项很重要的工作，就是确定太阳塔的高度。在前文太阳物理的相关介绍中，我们曾提过，离地面近的地方，气体扰动很厉害，那么随着高度越来越高的话，扰动就会越来越少。这个原理基本在任何地方都是成立的。那到底要建在多高的地方，它的扰动才会最少呢？这就需要定量测量。首先要建一个很高的柱子，高度在 20米以上，在柱子不同层高的地方放上温度测量计，这样观察员就可以把温度扰动记录下来。这种温度测量计对温度的测量精度要求很高，当时国内很难买到符合要求的温度计。为此，太阳塔小组利用白金丝做的电桥，设计了一款测量专用的温度计。这款温度计非常精确，能测到小数点后一位。

既然要测量温度的扰动变化情况，那就需要连续多天的观测。为此，太阳塔小组专门搭了一个帐篷，大家轮流在那里值班，晚上看护设备。测量结果显示，在距离地面 15 米的地方，气体扰动达标。当然，越往高越少，但是也不能太高，太高的话工程难度和经费会大幅度增加，增加施工过程中的不确定因素。最终，太阳塔的高度设计在 20 米左右。

第三步，进入太阳塔的设计阶段。前面我们曾经提过，太阳塔的设计主要由两部分组成，光学设计和机械设计。这两方面的设计之前都进行过，但都是比较基础和粗糙的。如今重新进行计算，就是要保证设计的精确度和可操作性。

首先，是利用计算机对光学部分进行计算。20 世纪 70年代，计算机刚刚在国内出现，不仅计算能力有限，占用的空间还格外庞大。当时，南京大学也引进了几台计算机，可是计算能力实在太差，不能满足条件。因此，方成和同事们特地跑到距离南京30余千米的大厂镇,利用大厂镇的计算中心计量机来计算。这台计算机可以说是当时南京市最先进的了。从没接触过计算机的光学计算小组成员每天挤公共汽车到计算中心,在那儿一边计算,一边学习。那时的计算机还是打孔计算机,组员编写完程序后,再按照程序在纸带上打孔,一条命令打进去需要很长一卷纸,如果不小心出了错,那么一卷纸就都报废了。虽然很麻烦,但计算机的运算还是极大程度地解决了之前很多估算不够精确的问题。所有做计算的太阳塔小组成员在计算中心一干就是一天,忙得喝水都顾不上,中午简单吃两口饭就继续开工。在这样的努力与拼搏之下,经过重新计算,光学精度提高了一大截,终于达到了实际应用的需求。

在机械设计方面,太阳塔小组请了南京大学仪器厂的毛邦仰和寿大桢两名工程师主持设计工作。他们首先审阅了以前的机械设计图纸,修正细化并重新绘制了几乎全部的数千张图纸。至此,从20世纪60年代浙江大学师生的图纸开始至今,机械设计方面的工作才算是正式完成。值得一提的是,相较于国外在太阳望远镜圆顶上开窗的设计模式,两位工程师开创性地设计了三瓣式圆顶结构:太阳在南边时,只要将其中两瓣转到北面,就可以让南面整个敞开,保证了对太阳观测的全部要求。可以说,这种设计是我国太阳塔项目的独创,当然,它也离不开所有参与人员的智慧与汗水。

设计工作的全部完成将太阳塔建设项目推进到正式施工建设阶段。施工阶段前要考虑的一个最大的难题是机械部件的加工如何完成。太阳塔是一种大型精密仪器,特别是考虑到它的高度较高、焦距很长,所以对加工的精度要求就会比常见的望远镜更严格一些。同时,作为全国唯一一座太阳塔,它的部件是单件生产,加工部件的模具只能用一次,所以成本反而会比常见的望远镜更高,因此很多工厂都不愿意承担这项工作。

时任系主任的戴文赛先生通过校党委找到了当时的江苏省委书记,向他作了详细的汇报。省委书记对这个项目非常重视,认为这是一个很好的项目,并表示愿意支持太阳塔的建设。之后,省委书记将这件事情的具体协调工作交给了省政府工业厅。通过工业厅形成了一个书面文件,又以公文形式转给南京市政府工业局,叫他们来安排加工的工厂。工业局按照文件要求,多次组织工厂协调生产事宜。最后,将太阳塔的全部工程分成5个部分,由南京市加工力量最强的5个工厂(南京市机床厂、南京工业装备厂、滚珠轴承厂及南京天文仪器厂等)分工配合、组织会战,完成太阳塔的各个部件的生产加工。一个工厂加工一部分,这样,就保证了单个工厂的负担相对较轻,承担的成本亏损不严重。于是,从1975年开始,太阳塔小组的成员每人负责一个工厂,对生产加工进行了全程跟踪。作为小组组长,方成负责全部5个厂的总体协调,为了保证部件制造的精密度,他几乎是天天到工厂里监督指导生产。制造厂的工作人员对天文仪器并不是非常了解,在加工精度上难免达不到要求,可是天文观测怎么能容许大量误差的出现呢?为了避免这种情况,方成等人经常和工厂的工程师进行交流,和车间工人们一起作业,如果有什么问题就能够及时处理,如果工人在制造过程中有不明白的,也可以进行指导解答,这样便很大程度地保证了零件的精度。虽然很累,但一想到这都是为了太阳塔的建成,方成觉得也就算不上什么了。

为了保证望远镜能够准确地跟踪太阳,并且平稳没有抖动,对涡轮机的加工就有很高的要求。这样的加工精度,即便是当时南京最好的工厂也无法完成。为了解决这个问题,天文系又通过教育部找到第一机械工业部(简称"一机部"),一机部便安排了当时全国最好的道具加工工厂——哈尔滨工具厂,加工出了当时最高精度的2A级刀具。

同时,为了保证太阳塔光学镜面在太阳光强烈照射下不变形,需要一种膨胀系数很小的微晶玻璃。这是一种新型材料,当时只有上海新沪玻璃厂刚刚开始生产,而且尚处于试验阶段。为此,方成多次前往上海进行联系、订货、验收,亲力亲为,一点也不敢松懈。除了这些,轴承、电机的生产也都遇到过这样或者那样的困难,在太阳塔小组成员的共同努力下,终于一项一项解决了。

在设计上突破了困境之后,一个非常实际的问题出现了,那就是资金。虽说大家是抱着一腔热忱来建设太阳塔,可太阳塔小组成员和参与的工人并不是神仙,不能凭空想象出一座太阳塔来。在当时国家经济不发达的情况下,很多人都觉得搞这个项目并不现实,拨下的款项也很少。面临财政的困境,作为小组组长方成担起了这一任务,他四处奔波,希望能拉到资金,在学校的大力支持下,校领导带着方成跑到教育部去,向教育部的人员反复说明,终于"磨"到了资金。后来教育部拨下60万元作为太阳塔的建设资金,大家也终于松了一口气。在筹集资金的过程中,方成感慨地发现,自己学生时候参与的那些学校活动和社会活动,真是让他受益无穷。如果只是坐在课堂里念书,不懂社会与交际,又怎么能为自己倾注心血的项目带来发展的前途呢?

就在工程进展慢慢步入正轨的同时,又出现了一个意想不到的困难。之前千挑万选看中的塔址征地和当地农民的利益发生了冲突。农民不同意，征地就进行不下去。

塔址所在的孝陵卫南麓高地属于当地的农民公社。征地时，首先要农民同意，之后要小队同意，小队同意了要报给大队，大队批准之后才能正式拿到农民公社盖章签字，即便是公社手续完成，还要提交到区和乡，如此一级一级提交批准，最终才能完成征地手续。

这片地原先是用来种植桃树的，果树和小麦等粮食不同。粮食每次播种都需要重新购买种子，一茬种子只能收一茬粮食，但是一棵树苗可以收多年的果实，因此，农民不愿意砍掉这些桃树，损失了它们就等于损失了一大笔收入。

沟通无法进行下去，为此，方成专门多次前往塔址所在地跟当地农户和公社各级领导沟通。他首先向他们普及这项工程的重要性。当然，对于农民而言，他们更关注怎样才能保障他们的利益不受损失。他们表示，不能随随便便就把自己的地拿走。当然，这个要求是合理的，核心在于给出怎样的补偿政策。可是问题就在于，当时征地并没有一个明确的政策，"怎么征，怎么补偿"只能靠双方协商进行。农户和公社方面要求要给现金补偿，而且还要给他们安排工作。这件事层层上报，最后经过南京市市长组织开会才最终得以解决。首先是征地面积总计 7.7 亩，每亩地 10000 元，这笔钱在 1975 年可是相当可观。另外还得给征地涉及的 7 名农民安排工作，并将他们的农村户口转为城镇户口。农村户口转到城市的指标，在当时是很紧俏的稀缺资源，必须经过市长会议才能决定。如此前前后后一年时间，征地的手续才最终办完。

万事俱备，只欠东风！地址、设计、人员……一切的一切都已经安排妥当，就只等着施工建造，太阳的神秘面纱就要被揭开了！

第六章 揭开太阳的神秘面纱

□ 1．基建工地的日日夜夜

在征地完成后，太阳塔项目终于进入了正式的施工阶段。所有人欢呼雀跃，这个经历了 10 来年的项目，终于有变成现实的一天了！

看着小组成员们欣喜的面容，浮现在方成心中的，更多的是沧桑的感慨。从 20 世纪 50 年代第一次计划构建太阳塔，到如今这个遥远的梦终于要变成现实，他们度过了多少无眠的夜晚，又经历了多少从无到有的艰难考验，才能让这一座太阳望远镜建立起来。每每念及这些，方成心中便五味杂陈。

但是谁都知道，理想与现实有着不小的差距。一切准备工作就绪，等真正实际操作起来，方成和太阳塔小组的成员才发现，对于太阳塔建设来说，图纸的设计与前期的准备工作仅仅是万里长征走完了第一步，更多的困难还在后面等着他们。

基建工程就是一个大问题。这项工程由江苏省设计院设计图纸，1977 年开始交给江苏省第三建筑公司来负责施工。但与普通的基建工程相比，这项任务的难度非常大，当方成和他的组员们来到这片荒芜的土地上时，他们就非常明白这一点了。

这片施工地刚从农民手中征来，施工地点既没有水，也没有电，更没有路，只是一片荒地，除了农户之前种的那些桃树，周围都是坟地。建筑业讲究"三通一平"，"通"就是水通、电通、路通，"一平"就是平整土地。水通主要是指给水畅通，能够保障施工的生产用水、工地工人的生活用水以及消防用水等；电通指的是施工企业根据工程设计确定施工中的机器生产用电量，以及现场办公照明、生活用电等，并将电线接到施工现场，保证铺设到位，保证工程可以开动；路通是先对施工现场的交通状况进行估算，确保汽车等交通工具能够通行，以满足材料的运输、人员的出入等；平整土地则要求施工场地内的障碍物已经全部拆除，使施工方能够规划生产区、生活区的布置，能够测量建筑物的坐标高度等。显然，这一片荒地又何来"三通一平"的保证呢？材料运输就没办法实现，施工人员的基本作业条件当然也不可能具备。

要想施工，首先就要搞"三通"。但是"三通"工程需要很多材料，这些材料虽然并非价值不菲，但是在"文化大革命"刚刚结束的混乱年代，总有些人打歪主意想发些横财，把这么一大堆材料放在一片荒郊野外自然是不可以的，晚上必须留人看管。为了节省人力，也为了节省资金，太阳塔小组的成员们决定自己参与看管材料。因为白天还有工作要忙，他们就决定轮流住在工地。于是，方成、徐祖英和刘鸣岐等几位老师就在那片荒野搭建了一个茅草棚子，三人就住在那里，负责看管器械和材料。每个人轮流半年，一共住了一年半。这期间，他们除了看管材料，还帮助工人施工。条件的艰苦没有让他们退缩，大家夜以继日地工作，各处奔波，从没有周末，更别说寒暑假了。方成回忆起那段看守材料的时光，并没有觉得有多艰苦，反而有一种别具特色的生活滋味。那时工地没有饮用水，他们就到山下的南京体育学院，自己徒步挑水上山；没有电，晚上就用一盏暗暗的煤油灯照明；没有天然气，就自己烧小煤炉来做饭。蚊虫太多，每个人都被咬得睡不着觉，只能躲在蚊帐里，把蚊帐的四个角压得死死的，然后在一片"嗡嗡"声中睡觉，如果一不注意把蚊帐弄开一条缝，就会被成群结队的蚊子叮得满身是包。再加上看守人得时时刻刻惦记着棚子外面建筑材料的安全，所以晚上就别想睡一个整觉了。更恐怖的是，那一片荒地周围都是阴森森的坟地，晚上一个人住里头，四周漆黑一片，又没有什么事可以做，只能听着周围虫鸟窸窣，风从枝叶间吹过，发出"唰唰"的响声。草丛间还有小蛇出没，如果不小心被咬上一口，那可不是好玩的。值班的人只能在茅草棚周围铺上石灰，防止小蛇"入侵"。面对那样的场景，就是一个壮年汉子，恐怕心里也不由得要生出胆怯之意，更何况他们只是一介书生。值夜的几位老师非常害怕，再加上当时治安不好，几个人商量了一下，决定专门配一根棍子，用来防身和壮胆。

轮到方成一个人在这里值夜时，家里人实在不放心，便让方成带上了他的两个儿子（当时一个 7 岁、一个 10 岁）陪他一起值班。一个大男人加上两个小男孩，如果真碰上什么危险，其实也起不了多大的作用，但是两个孩子愿意尽自己小小男子汉的力量来帮助爸爸，因为他们明白爸爸是在干一件非常大的好事。在孩子的心里，还不明白危险和害怕，他们甚至还觉得挺有趣的。方成也不是溺爱孩子的家长，他也觉得这对孩子是一种锻炼。于是父子三人在这简陋的小棚子里,倒也其乐融融。周末的时候,更是全家齐上阵,一起来到工地,为方成壮胆、帮忙。可以说,太阳塔的建成,不只是太阳塔小组成员的功劳,也得益于他们每位工作人员的家人在背后默默支持、无私奉献,太阳塔的每一部分都凝结了所有人的心力和付出。

在基建工地的日日夜夜,付出的不只是三位值班的小组成员,还有许多天文系员工。太阳塔的建设是每个天文人心中的梦,为此,他们不遗余力地贡献着自己的力量。在征地、测量地形和大气宁静度、基建保安,乃至大宗木材运输等工作上,天文系许多教职员工都积极地参加了。有这样一个故事。那是在一个炎热的大夏天,烈日当头,酷暑难耐,当时征地刚刚完成,太阳塔的基建工程马上就要开始。为了保证太阳塔的设备所处的环境尽可能稳定,不潮湿、不变形,他们专门进口了红松木用作地板的材料。工程订购的这批红松木材运到了火车站,可是经费不充足,根本无法支撑运回施工地点的雇人费用。要知道,施工地点和火车站的距离并不近,雇人费用是一笔不小的钱。为了保证工程进度不受影响,在当时知识分子劳动化的倾向下,出于对太阳塔项目的热忱,南京大学天文系二十多位教职工顶着炎炎烈日,找来几辆板车,单程步行了十多千米,硬是用人力小板车将这些红松全部运到了工地。作为"四大火炉"之一的南京,夏天哪怕只是坐着也是大汗淋漓。从中华门到孝陵卫十几千米路,汗水浸透了每位老师的衣衫,随便拧一拧就是一把汗水,可是这些教职员工没有一个人叫苦叫累。

在太阳塔的建设中,还有许许多多这样的故事,每一个人都尽自己最大的力量,为太阳塔的建设添砖加瓦。在这么多人的群策群力下,我们一定能建成自己的太阳望远镜。

用了一年左右的时间,水、电、路都通了,土地也变得平整起来。工房建起来了,生活条件好了起来,建筑工程这才步入了正轨。

□2．喜出望外的第一次观测

1978 年下半年,"三通一平"完成之后,太阳塔工程正式进入了基建阶段。虽然这时主要的工作量已经不再集中于太阳塔小组成员身上,可是他们一刻也不能放松。

在修建太阳塔的同时,还要修建机房实验室和值班人员住宿的值班室。这些部分的基本设计虽然已经完成,但还需要小组人员现场监管实验室的建设。由于太阳塔的塔身和普通的塔并不相同,为了保证有良好的防震、隔热效果,塔身设计成了双层结构,这样,才能有效地隔绝外界干扰对仪器的影响,两层水泥塔身之间的空气层也可以有效地缓冲温度变化。有一些技术性的问题和安排工人们并不明白,还需要小组人员的现场指导。当然,这些工作比起基建之

太阳塔

前,已经轻松许多了。可以说,万里长征只剩下最后一步了。

从 1978 年下半年开始,施工人员与太阳塔小组的成员通力合作,加上 5 家工厂加工的仪器部件组装,1979 年下半年,太阳塔全部装好! 一架大家期待已久的、完整的太阳望远镜终于出现在了众人眼前!

就像是一个遥远的梦,曾经的"纸上谈兵"成了真实的场景。面对着这座大型太阳望远镜,方成的心中可以说是五味杂陈,既有梦想成真的甜蜜,又有这么多年来艰辛的苦涩,这些滋味混合在一起,融合成一种说不出的味道。这么多年来的努力、融合了几代人心血的太阳塔终于建成了! 在所有参与者的心中,更多的是骄傲,是对我国未来天文事业的期待。

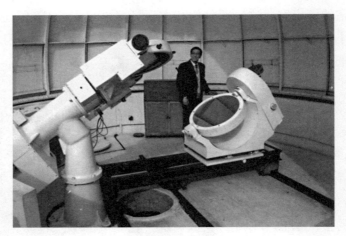

方成与太阳塔

大家在欢呼中很快冷静下来。太阳塔是建成了,可是它的观测效果如何呢? 小组成员并没有过多忐忑,他们相信,自己这么多年的努力,一定会有一个令人满意的结果。果然,1979 年秋天,当光路打开之后,太阳塔小组的成员看到了太阳成像在实验室的测试纸上,那是一个非常清晰的太阳像。那一刻,太阳塔小组的成员激动地流下了眼泪!自 1973 年起,到现在经历了整整 7 年时间,太阳塔小组的组员们没有休过一个寒假、一个暑假,夏天顶着烈日、冬天冒着严寒,骑着自行车转遍整个南京,冒着各种危险在坟地值夜班,在大江南北奔来跑去只为寻找合适的材料,泡在加工车间里时刻监督工程⋯⋯这一切艰辛,在这个太阳像面前,瞬间变得微不足道,这一切都是值得的!这个小小的太阳像不仅说明我们自主设计的太阳塔整个设计图没有问题,也说明加工和实际操作都没有问题!这就像是给工作人员们注入了一剂强心剂,接下来的工作就更游刃有余了。

既然现在已经得到了太阳像,下一步就要开始装光谱仪了。光谱仪是太阳物理性质分析中非常重要一个光学仪器,是一种将成分复杂的太阳光分解为光谱线的科学仪器,也是天体物理分析中最常用到的仪器。利用光谱仪,我们对天体的研究就能够不再局限于它的几何性质(如形状),而可以进一步深入到太阳的内秉物理性质(如太阳的物质构成)等。阳光中的七色光是肉眼能见的部分(可见光),但如果通过光谱仪将阳光分解,按波长排列,可见光只占光谱中很小的范围,其余都是肉眼无法分辨的光谱,如红外线、紫外线等。通过光谱仪对光信息的抓取、以照相底片显影,或用计算机自动显示数值仪器显示和分析,就能够测知物品中含有何种元素,并测定其温度、密度、速度等物理参数。

不过光谱仪的安装就没有那么顺利了,由于缺乏经验,整个调试过程花费了大量的精力。安装持续了将近两年时间,到 1981 年才完全建好。终于,在 1982 年 10 月,南京大学太阳塔及多波段太阳光谱仪通过了教育部组织的国家级鉴定。鉴定认为:南京大学太阳塔达到了国际上同类口径太阳塔的先进水平,望远镜空间分辨率达到 1 角秒,光谱仪的空间分辨率达 3 角秒,光谱分辨率为 14 万。整个工程圆满结束。

此后又经过近两年的仔细调试和试观测,中国第一台高约 21 米的塔式太阳望远镜终于投入了正式观测。

1982 年,"太阳塔及多波段太阳光谱仪"项目获江苏省重要科技成果奖;1985 年,太阳塔又获得了国家级荣誉,"太阳塔"项目获国家级全国首届科技进步二等奖。

后来,在 1986 年至 1989 年间,为了太阳第 22 周峰年期间观测的需要,考虑到新技术的发展,在太阳塔组长方成的主持下,太阳塔进行了一次卓有成效的升级改造。改造后,定天镜口径从 46 厘米扩大为 60 厘米,成像镜口径改为 43 厘米,焦距 2170 厘米,所成太阳像的直径为 20 厘米,全部采用热胀系数为零的微晶玻璃制造。它成像镜焦平面上的主要仪器为一台多波段光谱仪,可同时工作于氢的 H_α、H_β、H_γ、H_δ,电离钙的 H 线和 K 线以及氦的 D3 线等 6 个波段,在改进中还增加了白光观测系统,全面改进了电控系统,增设了自动导行装置。1992 年以后,为了从根本上改进光谱观测方法,工作人员又研制了 CCD 二位光谱数据采集系统,为该光谱仪在 H_α 和电离钙的 H 线和 K 线波段配了两个 CCD 探测器。这个系统使用计算机和先进的图像处理器,配合机械扫描装置,能在两个波段上同时进行太阳二维光谱观测,以少于 10 秒的时间分辨率进行快速扫描,光谱分辨率达到 0.005 纳米,并可以利用计算机控制和数字化图像处理系统进行多种方式的定点和扫描观测,得到太阳的二维光谱资料,是一台能实时观测和处理的成像光谱仪,各项指标达到了国际先进水平。

1993 年 10 月 9 日,太阳成像光谱仪通过了国家教委委托江苏省教委主持的鉴定。鉴定认为：太阳成像光谱仪是进行太阳观测的强有力手段，在总体研制水平上达到了国际上同类仪器的先进水平。

太阳塔小组成员的心血没有白费，改进后的太阳塔投入了第 22 周太阳峰年的观测，获得了 307 个高质量的太阳活动

1992 年方成在南大太阳塔门前

区、耀斑、日珥和黑子的观测资料，包括国内首批得到的 53 个耀斑的 CCD 二维光谱资料、2 个白光耀斑的多波段光谱资料（其中 1991 年 10 月 24 日白光耀斑多波段光谱的时间分辨率达 5 秒，在当时处于世界领先水平），以及 30 余个宝贵的耀斑脉冲相光谱资料等。在此基础上，太阳塔组取得了许多突出的研究成果。1995 年"太阳 22 周峰年观测和研究"获得了国家教委一等奖，1997 年又获得了国家自然科学三等奖。

一直到现在，位于南京市郊的太阳塔仍旧在兢兢业业地工作着，这里也是南京大学天文系学生的实习地点。不过，由于空气质量的下降，太阳像的观测质量也渐渐不能符合时代的要求。之后，在方成和天文系所有员工的努力下，云南抚仙湖和川滇、西藏地区成为新的太阳塔建造场所，他们又为我国的太阳物理事业做出了新的贡献。

第七章　科学的春天

□1. 法国留学

在太阳塔的第一次观测得到了满意的结果后，没过多久，科学的春天就完全到来了。春风吹开了凝冻已久的土地，厚重冰封的池塘冰皮乍破，柳梢冒出了新芽，花尖绽出了嫩粉，一切都预示着，一个美好的时期将要到来。

当时的中国，现代科学技术本来就比世界发达国家落后，由于"十年动乱"，这种差距越拉越大。在太阳物理研究方面，方成敏锐地意识到，尽管已经建造成功了中国第一座太阳塔并投入使用，但光凭这些仪器对太阳开展观测，还是不可能赶上发达国家的先进水平。要赶上对方，首先要了解对方的发展水平，在这个基础上，再向这些发达国家的著名学者学习理论与实际观测，取长补短，取其精华。要想提高我国的天文水平，只能一步一步地踏踏实实前进。

1980年4月，方成通过了教育部的考试，获得了作为访问学者赴境外交流进修的资格。当时摆在方成面前有两个选择，一个是美国，另一个是法国。众所周知，这两个国家的天文研究水平在世界上是一流的。当时他其实并不会法语，原本更倾向于美国。然而当他得知选择去美国访问的人数众多之后,他改选了法国,他要为祖国的天文事业开拓更广阔的视野。自此,方成开启了他在法国巴黎天文台进修的新篇章。

法国在近代天文学的地位可谓是举足轻重,发现土星卫星的卡西尼,建立岁差章动理论的达朗贝尔,刊布世界第一张星云表的梅西耶,现代天体力学的"祖师爷"拉格朗日,建立了行星摄动理论的拉普拉斯……这些天文界的巨匠都来自法国。加上法语的精确性,长久以来,国际天文学联合会的决议都是以法语撰写并记录,甚至在很长一段时间内仅有法语一个语言的版本。时至今日,国际地球自转服务(International Earth Rotation Service,IERS)等重要天文机构仍然位于法国。

法国的太阳物理研究历史也相当悠久、渊源深厚,它的研究工作大多数都集中在法国科学研究中心下属的天文台和研究所。方成进修的主要地点,就在著名的法国巴黎天文台。它是法国的国立天文台,在巴黎、墨东、南赛等地都建有观测基地,是法国国王路易十四根据海军国务大臣让-巴普蒂斯特·柯尔贝尔的建议,于 1667 年开始建立的,直到 1671 年宣告完工,首任台长正是著名天文学家卡西尼。就是在这里,他发现了土星的 4 个卫星土卫八、土卫五、土卫四、土卫三,以及卡西尼环缝、木星的较差自转、大红斑等,解释了黄道光的成因。1679 年,巴黎天文台出版了世界上第一部天文年历,利用木星卫星的掩食帮助船舶测定经度。1863 年,天文台出版了第一份现代意义上的气象图。进入现代时期之后,巴黎天文台又参与研制了 1995 年底升空的太阳和日球天文台卫星。这颗卫星是现在世界上研究太阳和空间灾害性天气的主要卫星之一。后来，巴黎天文台还与意大利合作，在1999年于西班牙加那利(Canary)群岛上建成一架口径为90厘米的真空太阳望远镜，用于高精度的磁场和光谱观测。可以说，这是一座世界一流的天文台，并不逊色于美国。

对于方成他们来说，要去法国了解这座久负盛名的天文台和它现在的研究成果，不会法语可不行，尤其是这种充满术语的学科，更需要熟练掌握这门语言。可是方成在大学时主要学的是俄语，后来才开始学习英语，对法语一窍不通。为了解决这个问题，教育部将去法国进修的学者集合起来，组织大家去上海外语学院接受1个月的法语培训，从最基础的字母读音教起。1个月的时间对于语言学习来说完全不够。所以当他们一行人准备起程前往法国的时候，对法语仍处在一知半解的状态中。

春天的法国巴黎洋溢着浪漫的气息，连伫立在战神广场的埃菲尔铁塔仿佛都没有那么冰冷刚硬了，更别提神秘的巴黎圣母院和华丽的卢浮宫了。单是香榭丽舍大街上洋溢的香水味，都让人深切地感受到，自己正身处充满异域风情的异国他乡。可是，此时他们完全没有心思去欣赏风景名胜，他们的法语一塌糊涂，连跟当地人简单交流的水平都没有达到呢！大使馆和天文台立刻组织了一个为期3个月的突击法语班，但即使是这样不分昼夜地学习，在来到天文台的时候，方成的法语还是说得磕磕巴巴，虽然掌握了一些句型和语法，可以慢慢研读法语文献，但口语还是不行，有时不得不双手上阵，一阵指天画地、描龙写凤，对方才明白是什么意思。

第一天到达天文台的时候，接待的一位法国研究人员仿佛很清楚他的法语不畅问题，他善解人意地向方成询问："您是要用法语交流还是用英语交流呢?"虽然法国人的英语口音很重,但交流还是没有问题的。方成做事情向来有一股韧劲,勇于迎难而上,绝不服输。他心想:语言语言,就是得在实践应用中才能学得会,要是一直不用,怎么能学得会呢?更何况,来到巴黎天文台,用法语才能更有利于他尽量多地学到先进的研究经验和技术成果。于是,他对这位研究人员说:"谢谢您,我用法语。"

对方瞪大了眼睛,显然对他的选择不太理解,但仍然接受了他的请求,用法语和他对话。

一开始,方成根本就不怎么能跟得上法方人员的讲解介绍,连交流都很成问题,但他丝毫不气馁,反而越挫越勇。当时他们在天文台吃午饭,一般时间都很长,大概会吃一个多小时,大家就在吃饭的时候闲聊,天文地理无所不包。平常待在天文台休息的时候,方成就去找天文台的门卫,他们整天守在天文台门口,也很无聊,这个奇怪的中国人主动来找他们聊天,正好为他们打发时间,方成也从中得到了益处。在与他们的谈话中,方成的法语渐渐流利起来。晚上,他们和现在多数留学生一样,分别寄住在不同的法国人家里,方成也在与普通法国人的不断交流中学习。自己一个人的时候,他就在心里默记单词,他制作了很多小纸条、小本子,随时拿出来对照记诵,反复揣摩语音语调,理解语法。没过多久,巴黎天文台的研究人员就很惊奇地问他:"方先生,您真有语言天分,这么快就能把法语说得这么流畅。您是怎么办到的?"其实,方成学习法语的策略和他做学问是一个道理,利用一切可以利用的机会学习与练习,勇于挑战自己不懂的事情,不怕出错,亲身实践才是最重要的。

方成在巴黎天文台,终于第一次见到了国外的太阳塔。

巴黎天文台早在 20 世纪 70 年代初就建成了欧洲最大的 80 厘米口径塔式太阳望远镜和 Nancay 米波射电日像仪，还在比利牛斯山比格尔地区的日中峰上拥有日冕仪和太阳光谱仪等设备。方成用这些先进的设备观测太阳上各种活动现象的高色散光谱，探讨它们的物理规律。方成在不断更新自己知识库的同时，也明白了当时我国的科学技术水平与欧美发达国家有多大的差距，它们的仪器观测出来的图像十分清晰，得到的数据也比较准确。这更让他暗暗激励自己，一定要将外国的先进经验带回国去，总有一天，我们自己的研究水平和设备观测水平不会比他们差！

在巴黎，他不仅在天文台进修学习，也经常去各种书店、图书馆，吸收最新的知识。在这里，他接受了前沿的科学理论，例如非局部热动平衡的理论和计算方法等。他决定将这些先进的理论带回国内分享给所有人，这一定会对我国的天文事业有所裨益。

说一千道一万，天文学是一门观测的学科，设备不够先进，就观测不出清晰准确的图像。没有图像数据，又谈何发展研究呢？在法国进修的两年多时间里，方成放弃了许多周末和节假日，像一块海绵一样如饥似渴地汲取着知识，同时也与国外同行建立了良好的合作关系，为将来在天文事业上的进步奠定了良好的基础。

□ 2．继续前进的太阳研究

结束了在巴黎天文台的进修，方成回到了南京大学，他带回来的珍贵资料和前沿科技使自己和同事们的研究更加明朗。他们利用自己创建的"国产"太阳塔,在国内坚持常年观测太阳,得到了一大批耀斑、日珥和其他太阳活动现象的光谱,这些资料不仅数量丰富,质量也很上乘。当时,南京的空气还不像现在这样有雾霾的影响,图像清晰、数据准确。其中,对1991年10月24日的白光耀斑在5个波段上同时得到的高色散光谱资料,时间分辨率仅为5秒,创造了当时时间分辨率最高的世界纪录;还有一批耀斑脉冲相和日珥的两维光谱资料,在当时的国际上也是很少见的。

20世纪80年代中期以后,巴黎天文台又先后4次邀请方成作为一级研究员前去访问和合作研究。接下来他又被邀请为客座教授,多次访问了日本国立天文台,先后同埃努(J. C. Henoux)博士、施密德(B. Schmieder)博士、日江井荣二郎(E. Hiei)和樱井隆(T. Sakurai)教授等许多同行进行了富有成效的长期合作研究。

日本国立天文台成立于1988年,由东京大学的东京观测所、水泽纬度观测所和名古屋大学大气研究所的一部分联合成三部分组成。它是亚洲水平颇高的天文台,拥有太阳耀斑望远镜、太阳黑子望远镜、60厘米折射望远镜等设备。对于方成来说,不管是在日本的访问学者

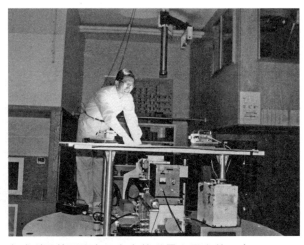

方成利用美国国家天文台的世界上最大的2米口径太阳塔进行观测

生涯，还是在法国两年时间的研究，都一样使他受益匪浅。他不仅了解到了国际天文事业的发展现状，更对我国的天文学发展前景有了一定的构想。与此同时，他还同美国利文斯顿（W. C. Livingston）博士合作，用美国国家天文台里世界上最大口径的太阳塔进行太阳观测。通过这些合作研究，方成不仅取得了不少国际上一流的观测资料，而且还共同发表了多篇学术论文。

"三人行，必有我师"，方成坚信，无论在什么地方，自己都应该从中获取新的知识，提升自己的水平。

通过同法国、西班牙、美国和日本等国家同行的合作与交流，方成和同事们都获得了不少国际一流的观测资料。有了这些资料作基础，加上他在法国进修两年的时间内学到的非局部热动平衡等一些理论和算法，他和他所领导的团队如鱼得水，创造性地开展了大批出色的研究工作：他们建立了白光耀斑、日珥、谱斑和太阳黑子，乃至微耀斑和"埃勒曼炸弹"等的半经验模型，被国际上广泛应用；他们首次

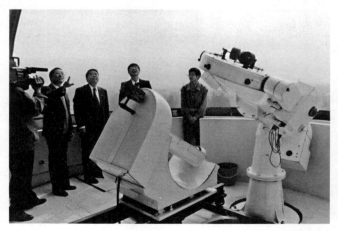

20世纪90年代，方成接待台湾大学校长参观南大太阳塔

提出了利用电离钙 K 线的光谱诊断方法；他们研究了耀斑发生时氢的非热电离和激发效应，提出了由光谱诊断耀斑非热高能粒子的方法；他们发展了计算耀斑动力学模型的整套方法，建立了耀斑环和色球压缩区的动力学模型，发现耀斑色球压缩区不仅可以加热色球，还能解释长期令人困惑的耀斑谱线不对称性；他们首次提出了用色球压缩区解释第 I 类白光耀斑和用太阳大气底层磁重联解释第 II 类白光耀斑和"埃勒曼炸弹"等新机制……这些工作受到国内外同行的重视和好评，也让方成和他的团队获得了不少嘉奖。

可以看出，任何研究往往都不是一个人独立能够完成的，保持与国际同仁的长期合作才能使研究时刻跟随领域内最新的节奏和步伐行动。从 20 世纪 90 年代开始，我国和外国的天文研究合作继续增多。1999 年 11 月，在我国自然科学基金会和法国国家研究中心的支持下，由南京大学承办，我国成功召开了首次中法太阳物理讨论会，参加会议的有来自德国、法国、英国和意大利等国的 20 余位专家，以及来自国内各主要天文单位的 29 位代表。与会人员交流了国际太阳物理研究的最新成果，讨论了以后如何继续加强在太阳物理领域的合作。2002 年 8 月底，在巴黎天文台又召开了第二次中法太阳物理讨论会。2005 年和 2011 年又在我国上海和法国尼斯分别召开了第三和第四次中法太阳物理讨论会，持久地推动着中法两国太阳物理的学术合作和人员交流。方成还积极参与推动了中日、中印和中韩等双边太阳物理研讨会，并在 2012 年与印度的邱德里汉（Arnab R. Choudhuri）博士等人共同推动组织了亚太地区太阳物理会议，把太阳物理的合作研究推向更广、更深的领域。方成以他的亲身经历证明，在发展我国的天文学科时，切忌故步自封、闭关锁国，只有积极开展多方面的国际合作研究，才能扩大我国的学术影响，提高我国天文学科的学术水平，开创双赢和多赢的局面。

作为国际天文学联合会副主席，方成(右四)与执委会委员在一起

第八章　温馨的大后方

□ 1．相识相知

在方成朝着自己的梦想不断前进时，他的背后也有一个安宁舒适的港湾，正是有了这个温馨的家，他才能在自己的研究领域越走越远。对自己的妻子和孩子，他有愧疚，但更多的是感激，在生活最艰难的日子里，妻子和孩子给予他的温暖与体贴，是他在事业上不断前进的动力。

让我们回到 1948 年，方成转入虹口区第三中心小学的那一年。

六年级一班的座位上，他和寿季卿成了同桌，同是插班生的两个孩子面对着周围陌生的同学，自然而然地产生了亲近的感觉。寿季卿是地道的上海人，她的父亲是一名银行会计，母亲是一个家庭妇女，家里的条件并不差，因而她多才多艺，舞蹈跳得很好。她与方成都是学习非常努力的学生，成绩非常好，所以深受老师的喜爱。方成刚到上海，上海话还说不流利，因为怕同学们嘲笑他的方言，所以显得有些沉默寡言。课间教室里十分喧闹，他却只能对着窗外发呆。每当这个时候，寿季卿就会跟他聊天，引导他开口，并教他说上海话,两个孩子之间的友谊日益坚固。

这种友谊,在他们一起考入华东师范大学一附中之后,继续发酵着。在中学期间,寿季卿担任了舞蹈团团长,1955年还代表上海市大中学生参加了全国七城市文艺汇演,获得了奖励。当然,在学校里,她也经常表演。方成发自内心地为这个好朋友感到高兴,她在台上翩翩起舞,台下总缺不了他的热烈掌声和支持,方成就像一个小"粉丝"一样为她的成功而高兴。寿季卿有时在台上看到下面的方成,也会为这个好朋友的友谊而感动。她投桃报李,方成在中学参加的戏剧社团表演节目时,她也会在台下观看他的表演,放下女孩子的矜持,用鼓励的眼光为他加油打气,这份心意,方成十分感激。虽然平常两人并没有太多的交集,但这种"君子之交淡如水"的情谊,却也值得珍惜。

上了高中以后,他们就不在一个班里念书了,两个班的距离使两人的联系逐渐减少,但是有时候在走廊或路上碰见,也会相视一笑,少年时的友谊一直保存在他们心底,并没有随着时光的流逝而褪色。

在高考之后,方成进入了南京大学天文系,而寿季卿则考进了北京医学院,未来将会成为一位救死扶伤的医生。虽然相隔千里,但他们这份友谊没有因此断绝,在那个没有便捷的网络通信的时代,老同学之间都是通过写信来互相交流的。方成每次接到那封字迹娟秀的信件,都会十分开心,当然,他也会认真地写回信,和寿季卿在信中讲述自己的近况、生活的趣事和学习的困扰。

他们并没有想到要将这份友谊发展成爱情,也许相隔的距离让他们不会多想,也许是多年的友谊让他们认为保持现在的友谊就很好,人生得一知己足矣。

直到毕业那一年，方成才在离开上海后第一次见到了寿季卿。1959年，方成从南京大学毕业后留校任助教，他去北京参加会议的时候，忽然想到应该去看看寿季卿，这几年来虽然两人一直保持书信来往，却一直没有再见过面，既然来了，怎么说都要相约一叙。于是，他来到北京医学院，找到了寿季卿。那时，寿季卿正值大考，他们相约在火车站见面。再见到的第一面，方成发现，寿季卿已经不是留在他记忆里那个青涩的小姑娘了，她已经成了一个亭亭玉立的大学生。而寿季卿也发现方成变得更加成熟，更加稳重。这次重逢让两个老友心里都产生了一丝陌生的感情，激起一层涟漪。但很快，这种陌生就被一个又一个共同关心的话题打破。

他们聊生活，聊学习，聊这几年的发展，聊未来的理想……这样的谈话让他们忘记了时间。方成第一次发现了这个朋友是那么秀丽、那么可爱；而在寿季卿心里，他们从小认识，这个男孩子给她的印象一直就是聪明而博学。但她也同样惊诧地感觉到了他的成长。在他们心中，一种特殊的情愫开始发芽。但是，由于这次见面十分短暂，方成又匆匆回到了南京，他们并未多谈，只是在心底深深地留下了这次美好的会面。

没过多久，寿季卿的毕业安排也下来了，她被分配到重庆，在重庆医科大学附属儿童医院成为一名儿科医生，即将从上海家中起程前往重庆。得知了这个消息，在南京工作的方成给寿季卿寄了一张明信片，对她说："咱们以后估计也不容易见面了，趁你坐火车的机会，在南京中途下来一下吧，我们可以见个面。"寿季卿也是这么想的，很快答应了他在南京下车。

在浦口火车站，两人愉快地聊起了在北京未讲完的话

夸父逐日

方成传

题。寿季卿告诉方成,自己被分配到重庆,不知道多久才能调回来,也许一辈子都会留在重庆了,但是成为一名好医生也是她的理想,不管在哪里,她都会干好这份工作。方成很赞同她的想法,他鼓励寿季卿不管条件是否艰苦,都要保重自己的身体,同时做好自己的事业。方成还对她讲了自己工作上遇到的苦恼和进步,尽管寿季卿并不能完全听懂过于专业的内容,但她也同样温柔地鼓励方成。两人越说越投缘,他们对彼此的感觉已经融入了脉脉的温情。在离别的车站,两人依依不舍,相约继续保持联系。看着火车驶出车站,方成感到了惆怅和思念。

在寿季卿到了重庆之后,两人仍旧是通过信件联系,但与之前不同的是,他们的言语和感情越来越亲密,最后,终于转变成了爱情的甜蜜。方成作为学校教师,有寒暑假,但通常也一刻不停地忙碌着;寿季卿在医院,平常就更忙了,只有探亲假可以让她回到上海,只有在假期,他们才能抽空见面,每一次见面都是爱情的馈赠,而每一次离别都是对他们感情的考验。他们自己也知道,这段感情发展下去会很艰难,毕竟两人相隔两地,只能鸿雁传书遥寄相思。但他们彼此都在努力,要知道,在这个世界上,要找到能和自己心灵相通的另一半是多么不容易,这种缘分难道能够轻易放弃吗?即使经历再多的考验也是值得的。

他们的感情越来越成熟,一起建立一个家庭的愿望也越来越强烈。寿季卿想过向重庆方面提出调动工作的请求,但是,当时她工作还没多久,地方上又十分缺少人才,重庆那边怎么也不肯放人,方成这边也是同样的情况。

但是,这并不能阻碍两个相爱的人的结合,他们克服了重重阻力,终于在 1962 年登记结婚了。这一对青梅竹马的恋人,终于走到了一起,建立了一个幸福的小家庭,虽然在之后14年,他们都一直保持着两地分居的状态,但在婚姻的殿堂上,他们已经为对方献上了彼此的爱意,这比什么都珍贵。当时的方成和寿季卿还没有属于自己的房子,住的是学校和医院的集体宿舍,婚礼十分朴素,请亲朋好友在一起吃了一顿饭便算庆贺,但两人都没有抱怨,在他们看来,能和对方在一起,就足够了。

但是,爱情的浪漫幸福并不能盖过生活的巨大压力。等待着他们的考验也接踵而来。

□2. 贤妻良母

结婚后没多久,寿季卿就要回到工作岗位,离开家的时候,她放心不下自己的丈夫,一再叮嘱他,一定要注意保重自己的身体,工作的时候不要太累,要按时休息……那边方成也在说着同样的话,两人相视一笑。

结婚后的14年里,两人过的都是牛郎织女般的生活,每年相见的次数屈指可数。

1965年,他们的第一个儿子出生了,可是,两个人都没有时间带孩子。寿季卿一个人在重庆,时常要上山下乡巡回医疗,经常几天甚至几个月都在外面,哪里有时间去照顾孩子呢?而把小婴儿交给丈夫去带,她又不是很放心,方成的学术研究也一直在进行,当年还被派到湖南去建设南京大学分校,更加分身无术了。于是,他们将孩子托付给在上海的外婆。方成很愧疚地对岳母说:"真是麻烦您老人家了,我不但没照顾好季卿,也没照顾好孩子,还要您帮我们带孩子。"当时外婆一个人带了家里大大小小 9 个孩子,老人家很是通情达理:"你们有你们要忙的,我平常也没事情,带孩子还热闹点。"岳母的付出更让方成十分感激,他和妻子都知道,他们分居两地,却能专心地投入到自己的事业,都是托了父母的福。后方的安定让方成能更好地投入自己的研究中去。多少年以后,方成在回忆过去时,对亲人对他的理解和帮助一直十分感激。

长久的分离并没有磨灭两人的感情,反而让他们在艰难中越发贴近彼此的心。终于,1974 年,寿季卿从重庆调回到江苏省省级机关医院担任儿科医生。两人本以为之前所经历的苦难终于过去,雨过天晴后生活会一帆风顺,没想到他们接下来的生活仍是困难重重。

当时的方成和寿季卿还没有自己的房子,在寿季卿回来之前,孩子一直跟着外婆一起生活,都没有上过幼儿园,包括之后出生的二儿子和小女儿,因为实在是没有条件。后来,方成将大儿子接回身边,在南京汉口路小学念书。方成因为工作关系,没有太多时间教育孩子,他就对孩子进行独立自主生活的锻炼。从三年级起,大儿子就学会了做饭,当方成回家看到那热气腾腾的饭菜和儿子期待的目光时,他的心里既自豪,又难过。自豪的是,孩子这么小竟然学会做饭了,一种作为父亲的骄傲袭上心头;难过的也是,孩子这么小,就得自己做饭,自己真是没有尽到一个父亲的义务。但是看着儿子开心地大口大口吃着自己做的饭,方成的心中还是为自己的儿子感到骄傲。

在孩子们的学习上,方成更是不能像其他的家长一样,为孩子检查作业、教授知识,他甚至连接送孩子都不可能做到,孩子们独自去学校,这倒是有点像方成小时候,一切全靠自己。方成希望孩子们有自己的主见，能独立完成自己的事，孩子们的作业他也从来不管，只有每年的家长会会去参加，听听老师的意见和评价，他更多地是注重对孩子们品质的教育。有一次，孩子念书念得不耐烦，一气之下把书扔在了地上，平常很温和的方成严厉地批评了孩子，让他把书捡起来，并告诉他，这是一种不礼貌的行为，以后绝不能这样干。他告诉孩子们，为人要善良诚实，真诚待人，一个人只要有了良好的品德，那么他在这个世界上就有了立足之地。

方成还着重培养孩子们的兴趣爱好，像自己小时候一样，他教孩子们游泳、骑自行车，从小锻炼一副好体格。在日常生活中，他也绝不溺爱孩子，家里的条件并不宽裕，也没有闲钱来为孩子添置东西，妻子在遥远的重庆也不能时刻照顾孩子们的饮食起居。

自从妻子回来后，分飞的鸳鸯终于团聚，但之后的生活在很长一段时间里让方成觉得很对不住妻子。寿季卿不仅要忙医院的工作，还要照顾孩子，在方成不在家的时候，还得去背煤气罐、背米，非常辛苦。方成总是觉得对妻子有诸多亏欠。在动乱的十年中，方成不仅要工作，还要下放去农场劳动，更要在间隙研究太阳塔的建造，家里都是妻子一手撑起来的。家中住宿一直是个大问题，他们开始住集体宿舍，后来，学校终于分给了方成一间房子，这房子在现在看来可以说是一间"危房"，是用不合格的空心砖建的，在一栋旧楼的4层，总共才30多平方米。方成一家包括妻子、孩子和父母亲共7口人，就住在这么一间拥挤的小屋子里，难以想象这些年他们是如何度过的。但是方成和家人却十分高兴，他们终于有了自己的小屋。寿季卿来来回回地将房屋打扫得干干净净，还摆设上了一些装饰品，她欣喜地看着这个温馨的小屋，眼里流露出幸福和喜悦。方成看着这样的妻子，难以掩饰内心的歉意，他对妻子说："对不住，这么多年了，才只能让你住在这样的环境里……"寿季卿却只是温柔地笑着对他说："你说什么呢，只要咱们全家人能安安稳稳地在一起，住的地方怎么样，又有什么关系呢?"方成的喉头哽住了，他握住了妻子的手，良久未言。直到方成当上了副教授，他们一家人还是住在这里，前前后后有七八年时间。后来，直到他被评为中国科学院院士，才换了一间大一点的屋子。就在这样狭小拥挤的生活环境中，方成和妻子孩子一起，维持着他们的小家，在平淡中继续着工作和研究。

方成在家工作

在工作上，妻子和孩子也是方成坚实的后盾。在太阳塔修建期间，方成和同事们轮班看守工程材料，暑假时，他的两个儿子就陪他一起住在帐篷里，互相给彼此壮胆。为了丈夫的工作，寿季卿勤俭持家，精打细算，尽管和方成所在的领域不同，但在专业事情上，有时还真少不了她。在太阳塔的建设过程中，经常会遇到各种麻烦，有些器械很难弄到，偏偏在建设时，没了它们什么也做不成。压路机是压平路面必备的机器，但它运行所需要的柴油却是国家分配的，而不是像现在一样可以自己买到，还有抽水要用的水泵也无法买到。当时资源工具都很稀缺，没有它们，太阳塔的建设都运行不起来了。寿季卿看方成那段时间总是皱着眉头，一脸苦涩，就关心地问丈夫："发生什么事了？你愁成这样。"方成原本不想告诉她，自己一个人愁就够了，怎么能让妻子跟着一起愁，更何况告诉她了她也帮不上什么忙。但是寿季卿一直追问，方成这才告诉了她。

谁知道寿季卿一听是需要柴油和水泵，立刻笑了："这事情看来我能帮你想想办法。"

"你？别开玩笑了，你能帮我弄来这些东西？"方成根本不相信，摇了摇头。

"哪个跟你开玩笑，"寿季卿瞪了他一眼，"还瞧不起我，等我给你弄回来东西，你可得给我道歉。"

方成原本以为这只是妻子的玩笑话，是想让他开心起来的，就没有当真。谁料到，过了一段时间，寿季卿真的给他带回了喜讯。

原来，寿季卿是在机关医院工作的，认识很多机关里的人。她听方成说修建太阳塔是一项提高我国科研水平的重要工程，就托了许多人，找到了化工局和机械局的领导，为这项重点工程批下了柴油和水泵。

当方成从镇江将水泵好不容易拿回来的时候，他对妻子可谓"五体投地"。寿季卿笑着说："怎么样？要不是靠了我，你还不知道要愁到什么时候去。""当然当然，你现在可也是太阳塔工程的功臣之一了。"

回想起这些往事，方成经常感慨，自己的工作多亏了妻子的帮助，这种帮助不仅体现在生活上，也体现在工作中。正是有了这样坚实的后盾，方成才能无后顾之忧地一心扑在天文事业上。他笑言："现在年纪大了，家里人说就不要总出去忙了，但工作实在太多，也实在停不下来，这也是多亏了家人的照顾才能这样。"

方成（右一）在家接待美、日、俄专家

☐ 3．温馨日常

在日常生活中，方成一直保持着锻炼身体的习惯，所以一直到现在这个岁数，身体也很好，强健的身体是帮助他四处考察、适应西藏等高海拔地区工作环境的重要本钱。即使是一般的年轻小伙儿，去高海拔地区多数也会发生高原反应，但方成却一次都没有过，这都得益于他坚持不懈地进行体育锻炼。对于他喜欢的各项运动，直到现在，他依然保持着参与精神。在 20 世纪 90 年代，学校组织了一次教职工游泳比赛，方成还获得了蛙泳 50 米第一名。对于喜爱的乒乓球，方成也一直练习。在去巴黎天文台期间，方成和他们的乒乓球冠军举行了友谊赛，结果让人震惊，竟然是 8：0 全胜！法国人也很惊奇——难道你们中国人每个人的乒乓球都打得那么好吗？还有一次，在去日本天文台参观学习的过程中,方成又参加了他们组织的乒乓球友谊赛,这一次他又获得了第四名的好成绩,日本天文台还为方成颁发了奖状。

运动使方成的身体一直处于最佳状态。在他自己看来,年少时的自觉锻炼打下的基础固然是少不了的,但年轻时遭遇的一些磨难客观上也对强身健体有所帮助。20世纪六七十年代的"上山下乡"、去农场劳动,导致方成的研究中断,但当时早睡早起,到农村从事的高强度的体力劳动却使方成的身体越发强壮。他认为,这也算是利弊两方面都有的影响吧。

运动没有抛下,做手工的爱好就更不能不提了。在方成的家庭生活中,手工活占据了一席之地。他在中学尝试制作矿石收音机之后,又尝试做起了无线电收音机。那时方成工作没多久,工资只有50多块钱,出于对学习知识的考虑,再加上对电子研究的兴趣,更重要的是出于一种实用性的考量,他决定自己做收音机。因为生活比较拮据,他自己也舍不得买市场上的收音机,自己做不但可以省钱,还能给孩子和妻子带来生活中的欢乐。有了中学时做矿石收音机的经验做基础,方成成功做出了一台小型晶体管收音机,这可真是独一无二了,当时市面上都很少见到这种小型收音机。方成将第一个实验成果送给了妻子,寿季卿将它带到重庆去,见到的同事都跑来问:"这么小的收音机,你是从哪儿买到的?"当听到是方成自己做的之后,大家都纷纷啧啧称赞,不仅称赞方成的技术,更称赞他对妻子的这份心。

除了收音机,方成还为家人做出了更"高精尖"的电器——电视机。鉴于与做收音机相似的原理,方成自己买来了零件,自己做接焊。在20世纪六七十年代,黑白电视机是个新鲜物件,一般人家有钱都买不到。方成自己学原理,自己试验,"自己动手,丰衣足食"。在电视机做好的那一刻,最开心的要数小孩子们了。他们围着这台小型的 9 寸黑白电视机欢呼雀跃,家里有了这么个稀罕宝贝,以后可以玩的又多了一样。说起来这台自制电视机还有一件趣事。因为零件什么的都是自己买的,做工也比不上工厂精细,电视机免不了有一些小毛病,最让人哭笑不得的,是它的散热比较差,只要开机看一会儿,温度就会飙升,温度一升高,屏幕上的图像就会花成一片并乱飘个不停。每到这个时候,孩子们最着急了,他们集体围着电视机,团团转着用扇子一刻不停地扇着风,大家都知道让电视机凉下去就会好了。果然,温度降了一点,电视机就能恢复正常。可是,没过多久,电视机就故态复萌。于是,扇扇子又重新开始。

日子过得虽然清苦,但方成一家的生活充满了各种各样的趣味,现在方成回忆起来,依然觉得温馨。年纪大了后,家人劝方成不要整天出去工作了,该歇歇了,但是方成本身就是一个喜欢忙碌的人,就算是在家里,他也会参与到各种家务中来。他烧饭做菜也是一把好手,这是从小就练出来的,小时候在昆明时方成就帮着家里做饭洗碗,现在他还会做不少经典菜,比如糯米鸭就是方成的拿手好菜。方成评上院士之后,中科院还特地拍了一系列关于院士生活的片子,方成的部分就是他在家里炒菜做饭的场景。他也经常鼓励自己的孩子和学生多做做家务,毕竟,家务劳动也能培养人的动手能力。年轻人怎么能天天看书、上网、玩手机呢?还是要多参加社会活动、多锻炼身体、多学学技能嘛,做家务也是学习的技能之一呀!

时间在温馨的生活中悄悄流逝,这么多年来,家里基本没出过什么乱子,这都是妻子持家有方的结果,是点点滴滴的汇集。孩子们也都已成器；大儿子从事建筑行业；二儿子去了美国读书，在美国定居，从事制药行业；小女儿也是从南京大学毕业的，现在处理进出口外贸事业。三个孩子的成功与父母的教育和温馨的家庭氛围是分不开的。回忆起过去的这些年，方成经常感慨，自己亏欠家人太多，也在生活中留下了很多遗憾。但他对自己的选择并不后悔，如果让他再一次选择的话，他还会选择与寿季卿共度一生，与自己的三个孩子共享天伦之乐。他认为，自己是幸运的，能有心灵相通的妻子、事业有成的孩子，他已经感到十分欣慰了。

方成和妻子寿季卿

第九章　逐日之梦

□ 1．桃李满园

不管在学术研究上如何繁忙，方成始终认为，教书育人是教师的天职。对于培养太阳物理方面的优秀继承者，他一直十分重视。在 1995 年当选为中国科学院院士之后，尽管研究工作十分繁忙，他仍旧谨记自己的职责，像以往一样继续上课教书。在他培育学生的过程中，最重视的不仅是学生学术水平的高低，方成认为，品德乃立身之本，学会为人处事非常重要，绝不能做书呆子，整天坐在书房读书，要能与人团结合作，不能损人利己，要时刻保持谦虚谨慎，不能自私自利；在品德上，他教育学生要真实做学问，不能作弊，自己写的文章要有切实的资料，实事求是，不弄虚作假。

对于自己指导的硕士、博士以及跟随他攻读博士学位后留在天文系工作的青年教师，他的要求都十分严格。方成非常重视实际观测在天文研究中的作用，他说："如果自己不去观测，只是用外国提供的数据和图像来进行研究，那怎么能做出突出的成绩来呢？"所以，他要求自己的学生亲力亲为，积极参加太阳塔和其他太阳观测设备的观测工作，提高天文实测工作的才能。他的学生们在后来的工作和学习中都继承了这一优良传统，在数据研究上力求严谨求实、清晰准确。对于博士生的培养，他主张精英教育，培养的学生少而精，但也已经是硕果累累，其中有紫金山天文台的副台长，有南大天文系主任，有哈佛大学的副教授……每一个学生都是方成的骄傲。他培养博士生的时候，经常叫学生去办公室和他讨论最近的学习情况。学生向他汇报一周里面做过的事情、读过的文献和遇到的问题，方成总是耐心倾听，给予合适的建议。他还经常督促学生们阅读英文文献，在一门具有国际性质的学科里，英文是很重要的。学生的任何小错误都会被方成指正，如此学生才有继续进步的可能，才能追上最新的学术研究成果。每次学生写好了英文文章，他都会将文章打印出来，然后认真修改，每当学生拿回自己的稿子时，都会看到稿件上已经批改得密密麻麻的修改意见，不管是内容、语法，还是文章结构，方成都会一丝不苟地批阅。

方成（前排左二）和同事、学生在一起

方成在学术方面对他们严格要求的同时，又让他们参与国际一流观测资料的处理和理论探讨。他一方面要求他们阅读国际上最前沿的文献，并对他们辅以必要的教导；另一方面又频繁地组织小型学术讨论，要他们踊跃发表自己的独到见解；还安排他们尽可能多地参加国际交流和到国外培训学习。

他的学生，南京大学天文与空间科学学院第一任院长丁明德在回忆起自己的求学生涯时，对方成老师给予自己的帮助与教导感念至深。他是在大四准备考研时成为方老师的学生的。当时的学术条件比较艰苦，在制作太阳黑子模型的时候所用的电脑都是非常老旧的机器，每一条程序都要自己写，当时写程序是用纸条打出来的，制作这个模型需要几千条程序，只要一条没打出来就会作废，方老师就和丁明德一条一条分析，逐条来看。方老师在学术上从不藏私，当时他们研究用的许多先进资料，都是太阳塔的观测资料或是方老师亲自到美国天文台、巴黎天文台和日本国立天文台观测带回来的。

在这项工作完成之后，他们想将此写成论文，投到国外杂志上发表。但很遗憾的是，虽然数据研究方面没有什么问题，他们画的图纸却不符合国外的标准。当时画图全部要手工画成，器械也并不是十分精良，画出的图线条不够流畅漂亮，他们画了很多版都没有达到出版社的要求。为了完成这项研究并将之发表，方老师专门去买了最好的画图仪器，两人一起画了一两个月，才达到出版社要求的标准。

在丁明德的记忆中，方老师在授课中非常严谨，讲课内容逻辑性很强，问题讲得特别清楚，让学生能够彻底理解。上课时思维得高度集中，要不然一个不认真就会漏掉很多精彩的内容。天文学是一门浪漫的学科,但方老师一直要求大家用一颗平和的心去做学问,绝对不能浮躁。不管是学习还是生活,作为老师的方成都十分平和,与他人相处也很轻松。他自己说,做科研要把自己的姿态摆低,不耻下问,在此基础上发掘新的东西,超越前人。和方老师讨论科学问题就像和朋友聊天一样,有时候和学生们在一起座谈,从学习到生活各个方面无所不包。他既像朋友,又像一个慈祥的父亲一样,关心着他们,能成为方老师的学生,真的是很幸福的一件事。方成对学生们也十分信任,在自己出去访问期间,有时会让丁明德帮他代课,这也给了丁明德锻炼的机会。

丁明德也十分敬佩方成老师的踏实肯干,老师已是高龄了,还一直在发表文章和成果,参与系里研讨会的时候也十分认真,耐心倾听。方老师做人的态度一直都是他学习的榜样。在生活和职业中遇到了压力与阻碍,他也会对方老师倾诉自己的苦闷,方老师总是给予他安慰。在丁明德申请杰出青年基金和评职称等工作节点上,总会遇到一些障碍,申请了两次基金都没有成功,丁明德十分气馁,方老师安慰他:"你还年轻,一开始就一帆风顺不一定对以后的发展好,现在经历一点挫折,也能激励自己未来的成功,失败是成功之母嘛!"他还对丁明德说:"在遇到挫折时,要及时去寻找自己失败的原因,然后朝这个方向不断努力,下一次尽量达到要求,这也是一个学习的过程。"在刚参加工作时,丁明德心里并不清楚将来自己能发展到怎样的水平,进入哪个领域,对前途十分迷茫,这个时候,方老师又鼓励了他。他告诉丁明德:"我们做学术的,不要想太多东西,很多以前有影响力的科学家都是从没职称的助教做起,一直踏踏实实做工作,最后也都获得了成功。作为一个科研人员,最重要的是把科研搞好，要时刻怀抱一颗平常心，不能太计较一时的得失，要是一开始就想得太多，太急功近利，反而会适得其反，最终一事无成，一辈子就废掉了，踏实起步就好。"方老师对丁明德的谆谆教诲让他铭记于心，并一直影响着他的学术态度。

曾经参与过云南抚仙湖太阳观测站建设的李臻博士，也对方成老师在学术上的认真十分钦佩。当时在建设抚仙湖太阳观测站时，需要观测太阳的四个波段。要用到红外观测，红外相机当时很难买到，国内没有，只有美国有，但由于它能被用于军事，所以对我国是禁运的。方老师想了很多办法，向美国普林斯顿仪器公司买了一台在红外波段比较敏感的 CCD 照相机，勉强拍了出来。后来还专门请了国家天文台的工作人员观测 10830 谱线，将图像做了处理，最后得出的结果十分令人欣喜，和美国夏威夷天文台的观测基本吻合。

方成在学习上给李臻留下的最大印象就是严格，他要求学生不要敷衍了事、打马虎眼，要有一说一，不将简单问题复杂化。有一次，李臻在自己的论文里引用了方老师文章的一些数据和公式，忘了做标注，方成老师拿到论文，一看之下就笑了："怎么这么熟悉？"后来老师告诉他，不管引用的是自己的还是别人的资料，都应该做出标注，规范写论文，在国外，24 个单词连续就算作抄袭。

对于方成老师能吃苦肯吃苦的精神，李臻更是深有体会。在云南抚仙湖建设太阳观测站时，条件十分艰苦，澄江当时只有家庭旅社，条件十分简陋，一个房间里只有一张床、一张桌子，卫生条件也不行；至于日常的早中晚餐，就只能去附近的小农贸市场吃了，路边摊很不卫生。可是方成老师一点也不在乎这些艰苦条件，他就在路边摊吃饭，而且填饱肚子就可以，一心投在研究建设上，没有心思去管别的。

在这样的悉心培育下，学生们不断成长。丁明德于 1992 年获博士学位后留在南京大学天文系工作，是"国家杰出青年科学基金"获得者，被评为校优秀中青年学术骨干及江苏省优秀青年科学家，并被评为"长江学者"特聘教授；2000 年，陈鹏飞获博士学位后留天文系工作，他的主要研究方向是数值模拟，利用计算机计算太阳上一些演化过程，现今在国际上已具有相当的影响力，其论文多次被国外学者引用，是"国家杰出青年科学基金"获得者。方成培养的博士研究生有的虽然后来离开了他的团队，但在中国乃至国际太阳物理界也有较高的知名度。在他指导下于 1990 年获得博士学位的甘为群后来到中国科学院紫金山天文台工作，担任该台副台长，曾获中国科学院优秀青年科学家一等奖，是一位优秀的年轻学术带头人。在他指导下于 1994 年获得硕士学位的赵俊伟后来在美国斯坦福大学获得博士学位并留校工作，在日震学研究中取得杰出成果，受到广泛好评。

可以说，方成不仅是一位优秀的科研工作者，也是一名优秀的人民教师。桃李不言，下自成蹊。这批优秀的人才苗壮成长，祖国的天文事业后继有人，这也是方成最大的喜悦。

方成(中)和学生在巴黎天文台

□2．从昆明迈向西藏

　　进入 21 世纪,随着南京市城市建设的飞速发展,高楼迭起,工业生产的发展使城市中大气污染越来越严重,尤其是南京出现了较多的雾霾状况,导致位于孝陵卫陵园区的太阳塔获得的太阳像逐渐变得模糊起来,就像有一层灰沙盖在上面似的。南京大学的这座太阳塔渐渐越来越难于承担起研究太阳物理科研工作的需求了。太阳物理研究者们认为,是时候重新选择一处空气质量良好的地点,建造新的太阳观测基地了。

　　如同之前建造太阳塔一般,太阳观测基地的选址需要十分慎重,要考虑当地的气候、温度、湿度以及空气质量等诸多因素。经过认真选择,离昆明 60 千米,风景如画、美丽幽静的抚仙湖畔成了最终决定的地点。云南太阳光学选址已经有很长的历史,早在 20 世纪 50 年代末 60 年代初,紫金山天文台太阳室主任陈彪就带头,由昆明天文站吴铭蟾、牛信等实施,在昆明以西 50 千米范围内,勘测了 10 多个山头,就是想在昆明附近建一个太阳天文台。但当时全国经济十分困难,最终只能终止。后来,到了 1996 年,"23 周太阳峰年预研究选题会"在昆明召开,决定将红外太阳塔设置在云南,尽快在云南选址。澄江抚仙湖畔的老鹰地在初选时并没有被列为观测候选点,因为该地东边附近有一片采石场,老鹰地半岛南岸怪石林立,没有落脚之地,也没有通电,没有修路。但后来,经过各种仪器的检测与对比,2001 年 1 月,中国科学院国家天文台组织国内太阳专家组在昆明召开红外太阳塔选址论证会,结论认为:云南澄江抚仙湖畔的老鹰地选址设备视宁度①、气象、水温等参数全由计算机自动控制采集,稳定性也比较好,塔址周围环境状况良好,而且交通便利。这个地址的天文条件,在目前国内太阳观测站点中是首屈一指的,对于高分辨太阳光谱观测来说是一个难得的台址,与国际上同类的台址相比,视宁度等指标也堪与其中优秀的太阳视测地点相媲美。方成也认为:"昆明抚仙湖的环境非常好,空气的宁静度很高,是目前天文界公认的、我国最合适做太阳观测的地方,在这里建一个新的观测基地,就是要用最好的设备在最好的地方进行太阳观测。因为时代发展了,需要革新技术,通过新的设备和方法进行太阳物理观测、研究。"该地日照时间每年约有 2200 小时。同时,因为选址在大湖附近,这片湖水有天然的地理优势。抚仙湖平均深度有 87 米,最深处达到 150 米,经过太阳照晒后,水温不会发生较大的变化,而且此地气流稳定,风从湖面吹来,能吹到望远镜上,可以有效降低望远镜被太阳照射后产生的高温。算起来,光这个选址工作就整整花费了大家十余年的时间。

接着,方成积极参与了国家天文台南方抚仙湖观测基地的建设。抚仙湖畔大气宁静度极好,具有优良的适应度,云量雨量风向都很适宜,所得到的太阳像清晰稳定,这对太阳观测非常有利,是目前中国最适合做太阳观测的地方。在这个基地中,将安装口径达 1 米、性能很好的真空太阳塔。这种太阳塔主要是由一架地平式望远镜和旋转光谱筒两部分

---

① 视宁度是指望远镜显示图像的清晰度,它取决于大气湍流活动程度,是用于描述天文观测的目标受大气湍流的影响而看起来变得模糊和闪烁程度的物理量。

组成。望远镜口径约 98 厘米,有效焦距约 45 米,采用真空修改的格里式(Modified Gregorian)系统。一米红外太阳塔的主要科学目标是对太阳磁场进行高精度、多层次的直接测量。在人们的认知中,磁场在太阳大气的各种物理过程中都起到了决定性的作用。它不仅仅可以导致许多诸如黑子、暗条(日珥)、耀斑以及日冕物质抛射等壮观现象的产生,而且与太阳外层大气的加热、太阳活动周期与幅度的变化、太阳辐射量变化等问题息息相关。所以,对于太阳磁场的测量,特别是利用红外磁敏谱线对高层太阳大气磁场的直接测量,成为太阳物理研究的热点之一。除了国家天文台云南天文台建造一米红外太阳塔外,早在 2004 年,方成和两位年轻教授就已提出研制"光学和近红外太阳爆发探测望远镜"(ONSET)的构想,它是一台可用于同时观测中性氦的波长 1083 纳米近红外太阳像、中性氢的波长 656.3 纳米的 Hα 太阳像,以及两个白光太阳像的专用望远镜。将它用于太阳活动 24 周(约 2007—2017 年)的太阳观测和研究,将对监测和

云南抚仙湖太阳塔(左)和 ONSET(右)

预报灾害性空间天气做出重要贡献。

根据他们提出的构想和技术要求,南京光学技术研究所已经建成了这架望远镜,并且已在2011年安装在云南抚仙湖畔的太阳观测基地中。在建造这架望远镜的过程中,方成像当年建造太阳塔一般亲力亲为。与南京太阳塔相似,这里本来是一片荒地,没水没电,幸好时代进步了,条件总算不像当年那样艰难。但在建设初期,还是颇为艰苦的。抚仙湖离昆明距离不近,而且周围并未开发,每次去都只能住家庭小旅馆,条件很差,每天吃的都是大饼、油条。尽管这样,方成还是一次次地亲赴昆明参与建设。建设过程中在技术上存在很多问题,由于太阳热量大,对仪器设备影响很厉害,原本这些设备是在南京调试好才搬去昆明的。可是大家忽略了昆明和南京的自然条件并不一样,这导致了当设备被安装在昆明时,由于太阳照射产生的温度太高,设备不能使用。方成和同事们想了许多办法,最后决定将五度左右的干燥空气抽上去打入望远镜筒,让它流过镜筒,借此降低温度。同时将镜片重新镀膜,将一部分太阳光反射出去,降低光照率。但两面镀膜后,新的问题又出现了,光线虽然变少了,但出现了重影,成了两个太阳像。这下可太糟糕了!只能把镜片取下来重新装配。就这样,为了调试安装在云南的新望远镜,方成每年都亲自前往昆明,在3年内往返昆明14次,这台望远镜直到2013年才正式工作。可以说,昆明抚仙湖项目中的点点滴滴都凝聚了方成的心血。

现在,由于污染越发严重,方成和他的团队又在寻觅新的太阳观测基地建设地点,他们选择了西藏阿里地区与大香格里拉地区作为考察点,现在还在紧张地工作。像建设抚仙湖基地一样,方成一直积极参与其中,前往西藏与大香格里拉地区考察。如果这个基地建设完成,我国的太阳研究水平一定会更上一层楼。

目前,方成所领导的南京大学研究太阳物理的团队,与中国科学院紫金山天文台、国家天文台、中国科学院空间科学与技术应用中心以及法国空间天体物理研究所等相关机构合作,共同参与一个先进天基太阳天文台小卫星项目(ASO–S)的研制。如果该卫星能在 2021 年如期发射升空,那将是我国第一个观测太阳的卫星,将对我国太阳物理的发展以及提升我国太阳物理研究在国际上的地位做出重大贡献。

□ 3．脚踏实地做学问

纵观方成的人生经历,他全力以赴地为中国天体物理学的重要分支——太阳物理的发展做出了无私奉献,在推动中国天体物理学发展的过程中成才。他的成才经历是由很多因素综合作用而成的。

首先,就是一直贯穿在他学术生涯中对天文事业强烈的使命感和无私奉献的精神。从进入大学到紫金山天文台参观时起,他就下定决心,要对得起老一辈天文学家的期望,将余生献给天文事业,改变中国天文学在国际上的地位。他常说,像当年学校的那条横幅一样,他愿意做一个天文事业的拓荒者。后来的事实证明,他的确做到了这一点,成为中国太阳物理学领域一位杰出的拓荒者。

在教育教学方面,方成也具有无私奉献的精神。他热爱教育事业,为之倾注了大量心血。他认为,"要成才,先成人"，因而十分关心青年学生的思想品德教育，坚决抵制社会不良风气对学生的影响。有一次，一个博士考生英语考得不好，拎着礼物找他，想麻烦他跟学校研究生院说情，通融一下过关，他坚决地挡了回去，并且严厉地批评了这名学生。他告诫那个学生，托关系送礼是知识分子不齿之事，要考好英语就得自己努力学好，走歪门邪道是不应该的。他常常用自己的亲身经历激励学生树立远大理想，为报效祖国勤奋学习、刻苦钻研。他对自己指导的研究生要求十分严格，正因为这样，这些学生后来往往都很出色。

当然，方成除了用心教导，自己也处处以身作则，用自己的实际行动来影响别人。1996 年，他倡议天文系成立"戴文赛奖学金"，尽管自己的生活条件并不宽裕，他仍带头捐款 1 万元。同时，他在国外合作交流省下来的外汇都用于购买教学和科研用的仪器和设备，并无偿地交给了天文系。1996 年，在他担任南京大学天文系主任时，台湾嘉义市天文学会发起召开首届海峡两岸天文推广（即天文普及）学术交流会。当时去我国台湾地区甚至比去欧美地区还要困难，后来参加这次会议的中国大陆代表一共 7 人，他们不少是各天文台、站的负责人，其实这从某种角度来说也无可厚非，因为他们在会上介绍了自己单位所做的天文普及工作。本来方成也是可以参与其中的，但他却更公正地认为这是一次天文普及方面的交流会议，所以通过公开遴选，派了系里一位写天文科普文章和天文书最多的普通教师去参加。

在生活中，方成也十分注重"为人师表"的良好形象，处处注意发挥共产党员的先锋模范作用，再加上他的出色工作，他曾被南京大学校党委评为优秀共产党员，1998 年被评为全国教育系统劳动模范，还被授予全国模范教师的称号。

方成(前排左三)和学生、同事们

　　其次,在学习与科研中,他刻苦钻研,注意发挥创造性。

　　高中时代,他的学习成绩就名列全校第一。到了大学时代,由于确立了"做一个祖国天文事业的拓荒者"这个目标,他就更加刻苦钻研、勤奋学习了。天文系的功课很多,他忙于学习,很少出去游玩。"文化大革命"后期,许多人对"学校向何处去,自己今后干什么"深感迷惘,这种对前途命运的未知造成校内打牌、下棋之类的玩乐之风很盛。但方成一直坚定着自己的信念,根本不参与这些玩乐。他一有空就抓紧自学英语和专业知识。现在问起来对大学时候生活学习的感受,方成还是颇带遗憾地说:"最后一段时间,政治运动的开展耽误了很多学习时间,非常可惜。"

　　在太阳塔开始建设后,他集中精力,全力以赴投入太阳塔的建设之中。在去巴黎天文台时,他努力学习法语,以至于使外国同行惊叹他的法语竟然能学得如此之快。他的认真细致也是出了名的。有一次中国和法国举办为期 4 天的太阳物理双边研讨会,会议持续时间很久,到最后一天时,很多与会代表都松懈了,而方成仍然认真倾听每一个报告,并作为组织者在会议结束时对会议的讨论内容作了一个总结,他的总结报告让法国人连连称赞。同时，他还向法国同行虚心学习研究太阳活动区的新理论，他经常去巴黎天文台的图书馆阅读最新的书籍，如饥似渴地学习太阳物理学的最新动态。

方成不仅刻苦钻研，而且十分注意在实际工作中发挥创造性作用。从巴黎回到中国后，他和团队成员共同发表的论文不是将学到的新理论、新方法死搬硬套，而是力求根据太阳的实际观测资料将其灵活运用，并在理论上有所创新。他和他的团队所发表的不少论文往往有独到的见解，这使国外同行深感惊讶。也正因为如此，1980年时，方成是以访问学者的身份到巴黎天文台进修的；而十多年后，法国同行则多次以一级研究员的身份邀请他到该台进行合作研究。

在天文工作中，方成一直坚持实测工作第一、理论研究紧紧跟上的方针。

我们知道，天文学是一门十分重视实测的学科。20世纪50年代以前，中国对太阳的观测手段很落后。70年代末，方成主持建成了中国第一座太阳塔——南京大学太阳塔，这是中国太阳物理领域拓荒性的工作。他嘱咐学生，太阳观测是一个长期的工作，是需要亲身实践与坚持的，

方成访问巴黎天文台 Nancay 射电观测站

实测是非常必要的。接下来的十几年,伴随着努力与坚持,他一直带领着他的团队对太阳活动进行着坚持不懈的观测和研究,从而为在太阳物理学领域中缩短中国与国际先进水平之间的差距做出了重要贡献。

方成主持中法太阳物理会议

当然,学术研究并不能止步国内,方成十分重视国际交流和国际合作,只有多方面多角度地吸收别人的先进成果,融入自己的研究,才能获得更好的进步,"闭关锁国"是要不得的。自 1980 年方成作为访问学者在巴黎天文台进修两年起,中法两国在太阳物理学领域的交流和合作就开始了。1999 年 11 月、2002 年 8 月、2005 年 11 月和 2011 年 11 月,中国和法国分别先后四次召开中法两国太阳物理讨论会;1999 年以后,方成和法国学者合作,还利用法国和意大利安装在西班牙加那利群岛上的一台高分辨的太阳望远镜进行耀斑、活动区和暗条的观测,双方合作发表的论文在国际上深受好评。2006 年起,中法两国学者还密切合作,努力推进以南京大学牵头的中国基金委国际重大合作项目"太阳爆发小卫星的预研究"，以便为发射该卫星做好准备工作，这次项目合作意义深远，显示了中国在天文学方面的雄厚实力。通过两国之间长期稳定的交流与合作，一方面使中国一批年轻的太阳物理学研究人才迅速成长起来；另一方面，这也是多快好省地发展中国太阳物理学研究事业的有效途径。

除法国外，方成还和日本、美国的同行开展了合作研究。2008 年，方成参加了巴黎天文台授予他名誉博士的仪式，成为该天文台历史上第一位获此荣誉的中国科学家。经天文台科学委员会评审通过，这次共授予三位国外的科学家"名誉博士"的称号。授奖仪式在巴黎天文台著名而古老的卡西尼大厅举行，巴黎的基准子午线就通过这个大厅。在仪式上，巴黎天文台台长埃格雷特（Egret）博士宣布了表彰决定，巴黎天文台天体物理空间研究和仪器实验室主任布格雷特（Bougeret）博士介绍了方成的事迹。巴黎天文台在表彰方成院士的通告中指出："他对了解太阳大气和太阳活动做出了重要贡献"，"他建立的耀斑高能粒子的光谱诊断方法获得了国际声誉"，"他是中法太阳物理合作研究中的主要推动者"。2010 年，一颗紫金山天文台发现于 2007 年 12 月 14 日、编号为 185538 号的小行星，被国际天文学联合会小行星命名委员会以他的名字命名为"方成星"。

可以说，方成的成功既是他个人的成功，也是中国太阳物理研究的成功。在人类追逐这个散发着光和热的星球时，方成将自己的名字深深刻入了太阳物理研究中，他像夸父一样，追逐着太阳，探究着它的奥秘，这不仅是为了国家和民族，更是为了真理！

他的心一直像当年那个初出茅庐的大学生一样，为中国天文学的拓荒事业不断热情地跳动着。已年过古稀的他并没有留在家里含饴弄孙，仍然忙碌在第一线。"雄关漫道真如铁，而今迈步从头越。"在 21 世纪的今天，方成仍然在"逐日"的道路上，为他的梦想不断前进！

巴黎天文台授予方成名誉博士称号